oekom

gefördert durch

DBU

Deutsche
Bundesstiftung Umwelt

www.dbu.de

ClimatePartner°
klimaneutral
Verlag | ID: 128-50040-1010-1082

Selbstverpflichtung zum nachhaltigen Publizieren
Nicht nur publizistisch, sondern auch als Unternehmen setzt sich der oekom verlag konsequent für Nachhaltigkeit ein. Bei Ausstattung und Produktion der Publikationen orientieren wir uns an höchsten ökologischen Kriterien.
Dieses Buch wurde auf 100 % Recyclingpapier, zertifiziert mit dem FSC®-Siegel und dem Blauen Engel (RAL-UZ 14), gedruckt. Auch für den Karton des Umschlags wurde ein Papier aus 100% Recyclingmaterial, das FSC® ausgezeichnet ist, gewählt. Alle durch diese Publikation verursachten CO_2-Emissionen werden durch Investitionen in ein Gold-Standard-Projekt kompensiert. Die Mehrkosten hierfür trägt der Verlag.
Mehr Informationen finden Sie unter:
http://www.oekom.de/allgemeine-verlagsinformationen/nachhaltiger-verlag.html

Bibliografische Information der Deutschen Nationalbibliothek:
Die Deutsche Nationalbibliothek verzeichnet diese Publikation in der Deutschen Nationalbibliografie; detaillierte bibliografische Daten sind im Internet unter http://dnb.d-nb.de abrufbar.

Gesellschaft für ökologische Kommunikation mbH,
Waltherstraße 29, 80337 München

Satz (LaTeX): Roland Kalytta
Umschlaggestaltung: Elisabeth Fürnstein, oekom verlag
Umschlagabbildung: © umwelttrenz – Fotolia.com

Druck: Bosch-Druck GmbH, Ergolding

ISBN 978-3-96238-002-1

FSC
www.fsc.org
RECYCLED
Papier aus
Recyclingmaterial
FSC® C011862

Jessica Blings (Hrsg.)

Qualitätsentwicklung in der außerschulischen Umweltbildung

Status, Potentiale und Vielfalt

Vorwort

Die vielfältigen, qualitativ hochwertigen Angebote der außerschulischen Umweltbildung dauerhaft zu erhalten und bedarfsgerecht weiter zu entwickeln ist ein Ziel, das die Arbeitsgemeinschaft Natur- und Umweltbildung (ANU) in ihren Tätigkeiten als Dach- und Fachverband verfolgt. Dabei haben wir strukturelle Entwicklungen im Arbeitsfeld der Umweltzentren und der selbstständigen Anbieter sowie veränderte Bedürfnisse der Teilnehmenden, Einwirkungen von gesellschaftlichen Trends und politischen Agenden im Blick. Zu den strukturellen Entwicklungen gehört u.a. die Verabschiedung einer Pioniergeneration in den Ruhestand, d.h. die Übergabe von Leitungsaufgaben einer Reihe von Gründerpersönlichkeiten an jüngere Nachfolger/innen. Als weitere Veränderungen beobachten wir die Zunahme von freiberuflich tätigen Umweltpädagog/innen oder die steigende Zahl von berufsbegleitenden Weiterbildungen. Inhaltlich werden die Angebote von der Erweiterung der Umweltbildung zu einer Bildung für nachhaltige Entwicklung, der weiter fortschreitenden Entfremdung vieler Menschen von Natur, oder der Digitalisierung im Bereich der Methoden geprägt. Diese und weitere Veränderungen stellen hohe Anforderungen an alle, die außerschulische Bildungsangebote konzipieren und organisieren.

Wir fragen uns: Sind die Anbieter von Umweltbildung für die Zukunft gut aufgestellt? Wird adäquat ausgebildetes Personal eingesetzt und entsprechend vergütet? Wäre im Bereich der Qualitätskonzepte- und Standards eine stärkere Vereinheitlichung zielführend? Und mit welchen Maßnahmen könnte die ANU ihre Mitglieder im Bereich der Qualitätsentwicklung noch besser unterstützen?

Organisationsentwicklung in Umweltbildungszentren, systematische Fort- und Weiterbildung des Personals, Stärkung der Leitungskompetenz in den Bildungszentren könnten – so unsere Annahme – Bereiche werden, in denen sich die Anbieter im Netzwerk der ANU sowohl untereinander als auch mit externer Unterstützung noch intensiver stärken. Ein weiteres Handlungsfeld, um die Zukunft des Berufsfeldes Umweltbildung zu gestalten, könnte darin liegen, auf die Ausbildung und Berufsorientierung des Nachwuchses Einfluss zu nehmen und häufiger mit Hochschulen zusammenzuarbeiten.

Um diese Handlungsbereiche und Annahmen näher zu untersuchen, hat die ANU ein Forschungsvorhaben initiiert, das mit finanzieller Unterstützung der Deutschen Bundesstiftung Umwelt (DBU) realisiert werden konnte. Das Institut für Technik und Bildung der Universität Bremen hat zusammen mit Masterstudierenden mit großem Engagement diese Aufgabe übernommen. Mit ihren nun vorliegenden Ergebnissen und Vorschlägen wurde eine wertvolle Grundlage für weitere Vorhaben geschaffen. Den Beteiligten der Universität Bremen und der DBU als Förderer gilt unser herzlicher Dank.

Annette Dieckmann

Arbeitsgemeinschaft Natur- und Umweltbildung Bundesverband e.V. (ANU)

Inhaltsverzeichnis

Qualitätsentwicklung in der außerschulischen Umweltbildung/Bildung für nachhaltige Entwicklung – Einführung in die Studie

Jessica Blings

1 Einführung

Umweltbildung und Bildung für nachhaltige Entwicklung (BNE) sind essentiell für die Entwicklung einer nachhaltigen Lebens- und Wirtschaftsweise. Wollen wir natürliche Ressourcen für zukünftige Generationen erhalten, brauchen wir gute, umfassende, alle erreichende, spannende, vielfältige Umweltbildung und BNE. Die UNESCO hat inzwischen, die bis 2014 laufende Dekade für Bildung für nachhaltige Entwicklung im Anschluss in ein Weltaktionsprogramm überführt, um die begonnen Arbeiten fortzuführen, weitere umsetzungsorientierte und konkrete Maßnahmen einzuführen und die Arbeiten weiter in die Breite zu bringen (vgl. DUK 2014).

Die Umweltbildung und BNE lebt von den Lehrenden und Multiplikatoren, die hier arbeiten. Um eine nachhaltigere Zukunft zu gewährleisten, vermitteln sie Werte von Nachhaltigkeit und Wissen um ökologische, soziale und kulturelle Zusammenhänge. Zusätzlich versuchen sie, die Menschen zu einem reflektierten Denken und nachhaltigem Handeln zu befähigen. Um dies zu gewährleisten, müssen sie sich bestimmte Kompetenzen und Fähigkeiten aneignen und über persönliche Einstellungen und Werte verfügen, die diese unterstützen. Dies kann durch eine qualitativ hochwertige, an den Ansprüchen der BNE ausgerichtete Ausbildung der Akteure forciert werden. Die Akteure sind Erzieher/innen und Lehrkräfte in der BNE sowie Manager/innen der Personalabteilungen und auch Leitungspersonal in Umweltbildungsinstitutionen (vgl. DUK 2014, S. 22f).

Dabei werden die Umweltbildner heute nicht nur durch BNE allein zusätzlich gefordert. Sie werden zunehmend eingebunden, wenn es darum geht, aktuelle gesellschaftliche Anforderungen umzusetzen. Das heißt Umweltbildung und BNE sind auch einbezogen, wenn es um Fragen von Bildungsbeteiligung und Kompetenzaufbau sozial Benachteiligter, inklusive Veranstaltungen, das Gestalten des Ankommens Geflüchteter oder auch Angebote für ältere, z.B. demenzkranke Menschen geht.

Eine kontinuierliche Personalentwicklung ist erforderlich, um die Bildungsangebote der Umweltbildungszentren insgesamt auf einem hohen qualitativen Niveau zu halten. Diese muss auf strukturelle Veränderungen sowie auf Bedarfe und Trends in Gesellschaft und Politik reagieren. Hierfür ist eine adäquate Ausbildung der »Lehrenden« wichtig. Die Arbeitsgemeinschaft Natur- und Umweltbildung e.V. (ANU), der Dachverband der Umweltzentren, hat deshalb mit Förderung der deutschen Bundesstiftung Umwelt (DBU) und in Kooperation mit dem Institut Technik und Bildung (ITB) der Universität Bremen ein Projekt zum Thema Qualitätsentwicklung in der außerschulischen Umweltbildung von Mai 2015 bis Mai 2017 durchgeführt.

Ziel des Projekts ist es, konkrete Vorschläge für nachfolgende Unterstützungsmaßnahmen für die außerschulische Umweltbildung auszuarbeiten. Dazu sind die Themenschwerpunkte Leitungswechsel, Aus- und Fortbildung, Personalakquise und künftige Leitbilder und Trends der Umweltbildungsarbeit gesetzt worden. Das ITB hat als Forschungspartner mit Unterstützung von Masterstudierenden eine Studie durchgeführt, die der Bedarfsermittlung bei in der Umweltbildung/BNE Beschäftigten diente. Die Ergebnisse der Studie werden in diesem Band vorgestellt.

1.1 Reflexion des Projektforschungsansatzes mit Studierenden und Danke an die Beteiligten

Die Einbindung von Masterstudierenden in eine Studie dieser Art ist ungewöhnlich und bedarf einer ausreichenden und umfangreichen Betreuung, die durch die Förderung der Deutschen Bundesstiftung Umwelt unter anderem sichergestellt werden konnte. Die Masterstudierenden wurden durch die Einbindung in das Projekt stark gefordert, da Teamarbeit, die über die gewohnten Studienbedingungen hinausging, mit besonderen inhaltlichen und organisatorischen Anforderungen, notwendig war. Das thematische Spektrum der Diskussionen war sehr tief und umfangreich, da die drei Masterarbeitsfragestellungen auch gemeinsam durchdacht und strukturiert werden mussten. Zudem beteiligten sich die Studierenden im Projektverlauf an Präsentationen und Diskussion ihrer Zwischenergebnisse auf Workshops und auf der Tagung, was nicht mehr Bestandteil der Anforderungen an die Masterarbeiten war, sondern freiwillig aus Interesse wahrgenommen wurde. Das große Engagement der Studierenden hat diese Studie somit möglich gemacht. Herzlichen Dank deshalb an die erfolgreichen Masterabsolvent/innen Jannes Logemann, Julia Logemann und Lilith Wilkening, an Lena Rauch als Auszubildende in der Markt- und Sozialforschung sowie an Iris Bredbeck als studentische Hilfskraft des ITB. Natürlich auch ganz herzlichen Dank an die vielen Unterstützer des Vorhabens in der Arbeitsgemeinschaft Natur- und Umweltbildung e.V., die die Initiative zum Projekt ergriffen haben. Besonderen Dank dabei an Annette Dieckmann als Vorsitzende des Bundessprecherrates, die die Erhebungen mit ihrem Wissen und der Hilfe beim Zugang zu Expert/innen unterstützt und vorangetrieben hat[1] Ohne die vielen engagierten Umweltbildern und BNEler als Teilnehmende von Erhebungen/Workshops und Beirat wäre diese Erhebung unmöglich gewesen - vielen Dank an alle, die diesem Vorhaben ihre Zeit und Aufmerksamkeit gewidmet haben und die Ergebnisse mir Ihren Antworten und Reflexionen vervollständigt und bereichert haben.

2 Forschungsdesign

Die Fragestellung des Vorhabens wurde in drei Masterarbeiten angegangen. Es entstanden folgende drei Studien, die 2016 bei der Universtität Bremen eingereicht und mit einem Kolloquium erfolgreich abgeschlossen wurden:

1. Erhebung der Weiterbildungsqualifikationen, des Weiterbildungsbedarfs und der Beschäftigungsverhältnisse (Wilkening 2016)
2. Erhebung und qualitative Analyse zu den Leitungswechsel in Umweltbildungseinrichtungen (Logemann/Logemann 2016) sowie
3. Erhebung der Qualitätsstandards in Einrichtungen der außerschulischen Umweltbildung in Deutschland (Logemann/Logemann 2016).

Nach einer Sekundäranalyse der vorliegenden Literatur führte das ITB mittels Online-Befragung und Fallstudien im Rahmen der drei Masterarbeiten Erhebungen durch. Die ANU brachte ihre Kenntnisse über vorhandene Studien und ihre Praxiserfahrung in die Entwicklung der Fragestellungen ein und half bei dem Zugang zu potenziellen Expert/innen für Interviews. Die Zwischenergebnisse der Erhebungen wurden im Herbst 2015 in einem ANU-internen Workshop erörtert und anschließend bei einer bundesweiten Fachtagung einer breiten Fachöffentlichkeit aus dem Bereich Umweltbildung vorgestellt und diskutiert. Diese Tagung stieß auf großes Interesse der Multiplikator/innen der außerschulischen Umweltbildung. Rund 80 Teilnehmende diskutierten nach Impulsbeiträgen den Bedarf zukünftiger Unterstützungsmaßnahmen.[2]

[1] Weitere Informationen unter www.umweltbildung.de/qualitaetsentwicklung.html

[2] Die Tagungsergebnisse sind online downloadbar unter www.itb.uni-bremen.de/ccm/projects/projekte/umweltbildung/.

Im weiteren Projektverlauf wurden die Ergebnisse der Masterarbeiten, sowie der Fachtagung im Rahmen von Workshops und Expertengesprächen für die Entwicklung von Handlungsempfehlungen genutzt. Dazu fanden zwei Beiratssitzungen, Expertengespräche und vier Workshops mit Expert/innen der Umweltbildung/BNE statt. Die Empfehlungen fokussieren notwendige Unterstützungsmaßnahmen für Qualitätsentwicklung in allen drei Inhaltsfeldern der Studie und sind in die Buchbeiträge eingeflossen.

2.1 Onlinebefragung

Die Onlinebefragung wurde federführend durch das ITB unter Mitarbeit der ANU und der Masterstudierenden konzipiert und umgesetzt. Durch die ANU wurden für die Onlinebefragung insgesamt 846 Einrichtungen bzw. Bildungsabteilungen der außerschulischen Umweltbildung und 750 Einzelpersonen angeschrieben. Rund 920 der insgesamt rund 1600 Adressen sind ANU Mitglieder davon rund 360 Einrichtungen. Zudem erfolgte ein Teilnahmeaufruf im ANU-Infodienst an 3200 Abonnent/innen. Der Befragungszeitraum erstreckte sich vom 04.09.2015 bis zum 11.10.2015, insgesamt also knapp fünf Wochen.

Die quantitative Online-Befragung bestand dabei aus insgesamt 74 Fragen zu den Themenfeldern: Ausbildung, Einstiegswege, Beschäftigungsverhältnisse, Qualifikation, Weiterbildung, Leitungswechsel und Zertifizierungen. Die Fragen wiesen sowohl offene als auch geschlossene Antwortkategorien auf. Es haben insgesamt 191 Einrichtungen/Bildungsabteilungen und 197 Einzelpersonen an der Befragung teilgenommen. Dabei segmentiert sich der Rücklauf in 191 Leitungspersonen, 115 Freiberufliche und 58 Angestellte. Innerhalb des Fragebogens schwanken die Antwortzahlen, da es nicht notwendig war eine Frage zu beantworten, um zur nächsten Frage zu gelangen. Dies geschah, da einige Fragen so eingeschätzt wurden, dass Einzelne darauf nicht antworten möchten, wie z.B. bei Fragen zum Einkommen oder zu den detailgenauen Inhalten der letzten Weiterbildungen denkbar. Für unsere Auswertung wurden alle Antworten berücksichtigt, auch von Teilnehmenden, die den Fragebogen nicht vollständig beantwortet hatten. Bei der Auswertung geben wir an, wieviel Antworten es zur jeweiligen Frage gab (n = x).

2.2 Fallstudien

Ergänzend zur Onlinebefragung führten die Studierenden qualitative Fallstudien durch, die aus den Elementen Dokumentenanalyse, leitfadengestützte, offene Interviews und Betriebsbegehungen bestanden (vgl. Flick 2012, S. 217, Mayring 2002, S. 70; Lamnek 1993, S. 51). In den Fallstudien konnte ein umfassendes, vertieftes Bild von der Situation in den Umweltzentren bezüglich definierter Fragestellungen der Masterstudien gegeben werden. Hier konnten subjektive Erfahrungen, Bewertungen, Problemstellungen, Perspektiven herausgearbeitet werden, die in der Onlinebefragung nicht deutlich wurden und die Ergebnisse im Sinne einer Methodentriangulation absichern und vertiefen (vgl. Flick 2000, S. 310).

In den folgenden Buchbeiträgen werden die Erhebungsergebnisse in fünf Beiträgen vorgestellt. Der Beitrag von Logemann/Logemann nimmt eine umfassende Analyse der Anforderungen an Qualitätsentwicklung vor und vergleicht ausgewählte Qualitätsauszeichnungen und Zertifizierungen.
Daran schließen sie Ergebnisse von eigenen qualitativen und quantitativen Erhebungen an. Der Beitrag enthält eine umfassende vergleichende Übersicht in Tabellenform über die Anforderungen der ausgewählten Zertifizierungen und nimmt am Ende Empfehlungen für weiter zu ergreifende Schritte vor. Der Beitrag von Logemann/Logemann/Blings beschäftigt sich mit der Frage von Leitungswechseln in Umweltbildungszentren vor dem Hintergrund eines verstärkten Ausscheidens einer Pioniergeneration. Er fußt auf den Ergebnissen der Masterarbeit von Logemann/Logemann (2016). Es werden Ergebnisse zu Umfang und Ausgestaltung von zukünftigen Leitungswechseln vorgestellt und Handlungsempfehlungen abgeleitet. Im Beitrag von Wilkening und Blings werden neue Erkenntnisse zu Personalausstattung und Beschäftigungsverhältnisse in der Umweltbildung/BNE vorgestellt und mit früheren Erhebungen verglichen, die zum Teil auch Bestandteil der Masterarbeit von Wilkening waren (vgl. Wilkening 2016). Bredbeck und Blings widmen sich dann den Ausbildungs- und Einstiegswegen und reflektieren die Erhebungsergebnisse zur Thematik. Wilkening nimmt im letzten Beitrag dann eine umfassende Analyse der Weiterbildungsqualifikationen und des Weiterbildungsbedarfs im Berufsfeld vor. Sie stellt dabei die empirischen Ergebnisse ihrer Masterarbeit zur Thematik vor (vgl. Wilkening 2016) und reflektiert die qualitativen und quantitativen Veränderungen der Weiterbildungsqualifikationen und -bedarfe vor dem Hintergrund vorangegangener Studien, um im Ausblick auch Empfehlungen zu erörtern.

3 Literatur

DUK - Deutsche UNESCO Kommission (2014): UNESCO Roadmap zur Umsetzung des Weltaktionsprogramms »Bildung für nachhaltige Entwicklung». Bonn.

Flick, Uwe (2012): Qualitative Sozialforschung. Eine Einführung. Hamburg.

Flick, Uwe (2000): Triangulation in der qualitativen Forschung. In: Flick, Uwe; Kardorff von, Ernst; Steinke, Ines (Hsg.): Qualitative Forschung – ein Handbuch. Reinbek.

Lamnek, Siegfried (1993): Qualitative Sozialforschung, Band 1 Methodologie, 2. überarbeitete Auflage. Weinheim.

Logemann, Jannes; Logemann, Julia (2016): Qualitätsstandards und die Gestaltung von Leitungswechseln in Einrichtungen der außerschulischen Umweltbildung – Erkenntnisse aus empirischer Forschung. Masterarbeit im Studiengang Erziehungs- und Bildungswissenschaften. Universität Bremen.

Mayring, Philipp (2002): Qualitative Sozialforschung. Weinheim, Basel.

Wilkening, Lilith (2016): Personalausstattung und Weiterbildungsbedarf in Einrichtungen der außerschulischen Umweltbildung/Bildung für nachhaltige Entwicklung in Deutschland – eine empirische Erhebung. Masterarbeit im Studiengang Erziehungs- und Bildungswissenschaften. Universität Bremen.

Qualitätsentwicklung von Zertifizierungen in Einrichtungen der außerschulischen Umweltbildung und Bildung für nachhaltige Entwicklung (BNE)

Julia Logemann, Jannes Logemann

1 Einleitung

In diesem Beitrag wird der Frage nachgegangen, welche Anforderungen von Qualität durch ausgewählte Zertifizierungen in der Umweltbildung/Bildung für nachhaltige Entwicklung bestehen und welche Bedeutung Zertifizierungssysteme gegenwärtig für außerschulische Umweltbildungseinrichtungen haben. Qualität wird in Bildungseinrichtungen meistens hinsichtlich Restrukturierungen und Verbesserungen in den organisatorischen Abläufen und Prozessen und vor allem bezüglich der (professionellen) Gestaltung von Lehr-Lernprozessen, sowie dessen Vor- und Nachbereitung, Standards, handlungsleitenden Wissensbeständen und auch In- und Output diskutiert (vgl. Hartz 2011, S. 21). Diese werden insbesondere durch gesellschaftliche Erwartungen, nationale sowie internationale Anschlussfähigkeiten, Standardisierung von Bildungsabschlüssen und politische Bereitstellung von Ressourcen zur Realisierung von Bildungsangeboten dominiert (vgl. ebd.). Zertifizierungen und Qualitätssiegel sind daher ein bewährtes und gängiges Instrument zur Qualitätsentwicklung in der Bildung (vgl. Kusel 2010, S. 3; Blucha 2009, S. 322). Sie dienen dazu einen (vorläufigen) Status zu dokumentieren oder zu verbessern (vgl. Blucha 2009, S. 318).

Um das Thema möglichst umfassend zu analysieren, soll in diesem Beitrag zunächst der theoretische Begriff von Qualität erörtert und die damit verbundenen Anforderungen herausgestellt werden. Anschließend erfolgt eine vergleichende Analyse von ausgewählten Qualitätsauszeichnungen und Zertifizierungen und ihren Kriterien für Einrichtungen der außerschulischen Umweltbildung und BNE. Daran schließen sich Ergebnisse von eigenen qualitativen und quantitativen Forschungen aus den Jahren 2015 und 2016 an. Abschließend werden die gewonnen Erkenntnisse noch einmal zusammengefasst und ein Ausblick für weitere Forschungsarbeiten geboten.

2 Vorklärungen: Wie wird Qualität im Bereich der (Weiter-)Bildung fassbar gemacht und diskutiert?

Der Begriff der Qualität ist seit Beginn der 90er Jahre ein leitender Aspekt in der Bildungsdebatte (vgl. Terhart 2000, S. 809; Hartz 2011, S. 1; Apel 2006, S. 130). Durch die Funktionssysteme von Wirtschaft und (Bildungs-)Politik, wurde die Thematik um Qualität und Qualitätsmanagementsysteme in den Bereich der Bildung und Weiterbildung getragen (vgl. Hartz 2011, S. 12). Eine der wesentlichen Fragestellungen in der Bildungs- und Weiterbildungspraxis lautet deshalb, wie durch gesteuerte, organisationsinterne Prozesse und etablierte Strukturen, qualitativ hochwertige Bildungsdienstleistungen entstehen können (vgl. ebd., S. 11).

Wie diese Fragestellung bereits zeigt, trägt der Begriff Qualität meistens eine positive Konnotation mit sich, in dem etwas Gutes, Hochwertiges oder Besseres assoziiert wird (vgl. ebd., S. 19). Nach Harvey und Green (2000) bestehen fünf Bedeutungen, die in Zusammenhang mit dem Begriff Qualität stehen und die Annahme bestärken:

- Ausnahme; hierunter wird Exklusivität im Sinne einer elitären Zugehörigkeit verstanden (vgl. ebd., S. 18).

- Perfektion und Konsistenz; darunter wird eine kontinuierliche, beständige Fehlerlosigkeit und eine spezifische Kultur der Qualität wahrgenommen (vgl. ebd., S. 21).

- Zweckmäßigkeit; beinhaltet ein inklusives Verständnis, bei dem Anforderungen von Interessengruppen eingeschlossen und erfüllt werden sollen (vgl. ebd., S. 23ff.).

- adäquater Gegenwert; meint einen hohen Standard bei niedrigen Kosten (vgl. ebd., S. 28).

- Transformation; beschreibt die prozesshafte, qualitative Weiterentwicklung von Etwas (vgl. ebd., S. 31, Knipsel 2008, S. 20f.).

Diese Konnotationen lassen sich historisch vom antiken Begriff »qualitas« allerdings kaum begründen, da der Begriff hauptsächlich auf eine analytische und wertfreie Funktion zurückzuführen ist (vgl. Knipsel 2008, S. 17). Aussagen zur Qualität von Etwas sind somit also weder positive noch negative Verweise bezüglich der Beschaffenheit von Dingen (vgl. Hartz 2011, S. 19). Qualität beschreibt daher »die Gesamtheit von Eigenschaften und Merkmalen eines Produktes oder eine Dienstleistung, die sich auf deren Eignung und Erfüllung festgelegter oder vorausgesetzter Erfordernisse beziehen« (Masing 1999, S. 4).

Überträgt man die Bedeutungen, die im Zusammenhang mit dem Begriff Qualität aufgeführt wurden, in den (Weiter-) Bildungsbereich, kommt die Bedeutung der Transformation dem Qualitätsbegriff in der Bildung nach Knipsel (2008) und Kusel (2010) am nächsten (vgl. Knipsel 2008, S. 21; Kusel 2010, S. 8). Beide begründen ihre Annahme darin, dass im Gegensatz zu den anderen Bedeutungen und Verständnissen keine »klassische« Dienstleistung oder kein »klassisches« Produkt im Sinne einer wirtschaftlichen Zweckmäßigkeit mit gewissen Anforderungen entsteht, sondern es vielmehr um einen Entwicklungsprozess geht, in der die Gruppe von Kunden und Produzent bzw. Produzentinnen nicht voneinander zu trennen sind, da ein Lehr-Lernprozess angestrebt wird (vgl. ebd.). Dieser Lehr-Lernprozess entsteht durch eine Kooperation zwischen Lehrenden und Lernenden, der auf Empowerment und auf eine Befähigung des Kunden bzw. der Kundinnen bzw. Lernenden abzielt, bei der der Lernende selbstständig an einem Ergebnis mitwirkt. Das Ergebnis, hier der Lernerfolg, ist also sowohl vom Kunden bzw. Lernenden als auch von der lehrenden Person der Bildungseinrichtung abhängig und beschreibt die prozesshafte, qualiative Weiterentwicklung von Etwas (vgl. Kusel 2010, S. 8; Harvey, Green 2000, S. 31).

Neben dieser eher am Individuum orientierten Betrachtung, verweist Kusel (2010) außerdem auf die Bedeutung von Qualität als Ausnahme oder Perfektion, die auf Ansätzen der Qualitätssicherung und Überprüfung von Bildungsstandards basiert (vgl. Kusel 2010, S. 8). Qualitätssicherung definiert sich als eine »...punktuell ansetzende Überprüfung von Bildungsstandards, die an professionell unbestrittenen Ansprüchen festgemacht...« wird (ebd., S. 9). Diese Qualitätskriterien behandeln meistens die Gestaltung von Lehr-Lernprozessen, pädagogische Prinzipien, organisatorische Abläufe sowie lerninfrastrukturelle Anforderungen, das Leistungsprofil einer Einrichtung usw. (vgl. Hartz 2011, S. 21; Kusel 2010, S. 9). Als unabwendbare Voraussetzung für Qualitätssicherung gilt also die Selbstfestlegung auf geltende Qualitätsstandards.

Da Qualität als Transformation bezogen auf Individuen kaum messbar erscheint, werden die Rahmenbedingungen eines Lehr-Lernprozesses zunehmend gemessen (vgl. Kusel 2010, S. 9). Qualitätsmessungen im Bildungsbereich sind nach Carmichael et al. (2001) in zwei Paradigmen zu betrachten: »Qualität als Wissenschaft« und »Qualität als Kunst« (ebd.). »Qualität als Wissenschaft« liegt eine technisch-rationale Perspektive zugrunde (ebd.). Professionelles Handeln wird hier als Bestandteil eines effizienten Systems mit logischen Handlungsabfolgen betrachtet. Quantitative Nachweise, Standardisierung und feste Regeln werden mithilfe von Evaluationen und Audits verifiziert (vgl. Kusel 2010, S. 9). Qualität als Paradigma der Kunst ist aus einer selbstreflektierenden Perspektive zu betrachten, indem durch Selbst- und Fremdreflexionen Erkenntnisse gewonnen werden, die z.T. auch von der Routine abweichen und Fehler zu lassen (vgl. ebd.). In der Praxis der Bildungsarbeit werden diese beiden Paradigmen aber nicht getrennt voneinander behandelt, vielmehr bewegen sich viele Institutionen nach Guellali (2005) »... an den Konturen der beiden« (Guellali 2005, S. 24).

Als Systematisierung von Qualitätsaktivitäten und Prozessorientierung von Qualitätssicherung gilt das Qualitätsmanagement (vgl. Kusel 2010, S. 9). Qualitätsmanagement wird bei Knipsel (2008) wie folgt definiert: »Qualitätsmanagement steht für Strukturen, Aktivitäten und Verfahren, die zur Planung, Sicherung, Verbesserung und Prüfung der Qualität eines Bildungsproduktes, eines Bildungsangebotes oder einer Bildungsdienstleistung gehören« (Knipsel 2008, S. 42). Im Fokus des Qualitätsmanagement steht folglich die Frage nach dem »wie?«. Das Management kann sich dabei auf einzelne Bereiche der Bildungseinrichtung beziehen oder ganzheitlich, in die Philosophie der Institution, eingebettet werden (vgl. ebd.).

Durch die zunehmend öffentliche Aufmerksamkeit zu Qualitätsfragen haben sich verschiedene Akteure eingeschaltet und Konzepte und Modelle aus z.T. anderen Fachdisziplinen für die Bildungsarbeit etablieren wollen. In der Regel versucht dabei eine übergeordnete Ebene oder Instanz, Einblicke in die Aktivitäten »der Anderen« zu gewinnen und Sicherheiten gegenüber deren Vorhaben und Geschäftigkeit zu erlangen (vgl. Hartz 2011, S. 21). Beispiele dafür sind bei Hartz (2011), Kusel (2010) und Apel (2006) die »International Organization for Standardization" (Norm ISO 9000ff.), das »European Foundation for Quality Management« (EFQM) oder die »Lernorientierte Qualitätstestierung in der Weiterbildung« (LQW) (vgl. Hartz 2011, S. 21; Apel 2006, S. 130ff.; Kusel 2010, S. 10).

Wie pädagogische Qualität und die Lernprozesse durch solche Systeme gesichert werden können, bleibt allerdings unklar. Es benötigt tiefer gehende Analysen, um diese Unklarheiten zu diskutieren, welche im Rahmen dieser Arbeit nicht möglich erscheinen. Deutlich wird aber, dass lediglich die Prozesse innerhalb der Institution und die Rahmenbedingungen der Lehr-Lernsituation selbst nach diesen Systemen zertifiziert werden können (vgl. Hartz 2011, S. 32). Deswegen erweist sich eine spezifische Unterscheidung zwischen der »Qualität von Bildung« und »Qualität der Organisation der Bedingungen von Bildung« als maßgeblich (Zech 2007, S. 13). Zech (2007) beschreibt dazu, dass Bildung als gelungen bezeichnet werden kann, wenn Lernende ihr Wissen, ihre Fähigkeiten und ihr Können erweitert haben, ihre Persönlichkeit weiterentwickeln konnten, soziale Integration erfahren haben sowie gesellschaftliche Bedeutungsstrukturen für sich und ihr Leben aneignen konnten (vgl. Zech 2007, S. 13). Gelungene Bedingungen von Bildung für Organisationen sind vorhanden, wenn Abläufe und Strukturen auf die Bildungsbedürfnisse der Zielgruppen und Lernenden abgestimmt wurden und sich die Bildungseinrichtungen zu lernenden Organisationen entwickelt haben (vgl. ebd.).

Bedingungen von Bildung stellen für Organisationen die Basis für die Qualität von Bildung dar. Für (Weiter-) Bildungseinrichtungen ergeben sich Anforderungen

- an Organisationsentwicklung und organisationales Lernen,
- an Professionalisierung und Professionalität sowie
- an Innovation und Transfer,

um gelungene Bedingungen von Bildung zu schaffen und Qualität zu gestalten. Im folgende werden diese Anforderungen theoretisch ausgeführt und diskutiert.

2.1 Anforderung: Organisationsentwicklung und organisationales Lernen

Einrichtungen der (Weiter-) Bildung, wie z.B. Umweltbildungseinrichtungen, gehören zu den sozialen Dienstleistungsorganisationen, die durch ihre »Behandlung öffentlicher Belange« (Lahusen, Stark 2010, S. 167) in die gesellschaftliche Umwelt eingebettet und ebenso von dieser abhängig sind. Um »überlebensfähig« zu bleiben, müssen die sozialen Dienstleistungsorganisationen sich zum einen den wandelnden gesellschaftlichen Umweltbedingungen anpassen und zum anderen über ein solides Fundament zur Ressourcenmobilisierung verfügen, um eben diesem Anspruch der Wandlungsfähigkeit zu genügen (vgl. ebd., S. 176). Neben dieser Wandlungsfähigkeit und Reaktion auf gesellschaftliche Anforderungen gehören zeitgleich auch die Antizipation von neuen Aufgaben und die stetige Lernfähigkeit der Organisation dazu, so dass Organisationsentwicklung und organisationales Lernen als Qualitätsansprüche an (Weiter-) Bildungseinrichtungen formuliert werden können (vgl. Kusel 2010, S. 10).

Organisationsentwicklung wird dabei nach Bormann (2002) als ein »... Wandel eines organisationalen Zustands« beschrieben, der mehr oder weniger intendiert, nicht intendiert, gestaltet oder geplant sein kann (Bormann 2002, S. 30). Liebald (2002) definiert Organisationsentwicklung hingegen als ein »... reflexives Verfahren, das auf die Verhaltensänderung der Organisationsmitglieder und (gleichzeitige) Veränderung von Organisationsstrukturen zur Erreichung bestimmter Entwicklungsziele ausgerichtet ist« (Liebald 2002, S. 3). Als ein Element der Organisationsentwicklung wird das Organisationale Lernen nach Donald A. Schön und Chris Argyris (2002) angeführt (vgl. Kusel 2010, S. 10). Das Organisationale Lernen erfolgt dann, wenn die Organisation und ihre Akteure inadäquate Strategien zur Lösung von Problemen aufdecken oder die allgemeinen und »üblichen« Handlungstheorien, die sog. «epoused theories«, von den sog. »theories-in-use«, den alltäglichen Gebrauchstheorien abweichen oder das Verhältnis zwischen diesen nicht mehr gemäß erscheint (vgl. Kusel 2010, S. 10). Diese Lernprozesse können in unterschiedlichen Intensitäten auftreten: spontan und kurzfristig durch Erfahrungen in Form von Anpassungslernen, dem sog. »single-loop-Lernen«; langfristig durch Überzeugungen in Form von Veränderungslernen, dem sog. »double-loop-Lernen« oder übergeordnet und reflektierend auf Vorgänge und Prozesse bezogen in Form von Meta-Lernen, dem sog. »deutero-Lernen« (vgl. ebd., S. 11). Die langfristig und übergeordneten Lernprozesse der Organisationsmitglieder beeinflussen die Wissens- und Wertebasis der Institution und können so neue Handlungsmöglichkeiten und Problemlösungsfähigkeiten fördern, sofern die Organisation das organisationale Lernen als Richtschnur und Anreiz ausreichend formuliert hat (vgl. ebd., S. 10f.).

Das (erlernte) organisationale Wissen wird in sog. organisationalen Systemen abgespeichert und kann den Ein- und Ausstieg von verschiedenen Organisationsakteuren überdauern. Als Voraussetzung dafür gilt, die spezifische Konstellation der Akteure und vor allem ihre intensive Kommunikation und Interaktion untereinander sowie die Motivation, gewohnte Wege zu verlassen und Neue zu entdecken (vgl. ebd., S. 10).

2.2 Anforderung: Professionalisierung und Professionalität

Im Rahmen der Qualitätsdebatte begegnet man stetig auch der Frage nach der Professionalisierung und Professionalität (vgl. Kusel 2010, S. 11). Insbesondere in Verbindung zum Bereich der außerschulischen Umweltbildung sowie BNE und ihren vielfältigen Akteuren, können vermehrt Diskussionen um bestehende Problematiken hinsichtlich Professionalisierung gesichtet werden (vgl. Wolf 2006, S. 142; Giesel, de Haan, Rode 2002, S. 1f., S. 180f.; Ostenrath 2012, S. 2).

Als Professionalisierung bezeichnet Wolf (2006) das »Verfahren und die Notwendigkeit der Verberuflichung einer Disziplin« (Wolf 2006, S. 145). Mieg (2006) benennt als Rahmenbedingungen für Professionalisierung folgende Aspekte: Zum einen muss es einen gesellschaftlich relevanten Problembereich geben, der ein dazu passendes Handlungs- und Erklärungswissen erfordert und einen Bezug zu einem gesellschaftlichen Zentralwert nimmt. Zum anderen braucht es aber auch eine akademisierte Ausbildung und einen Berufsverband (vgl. Mieg 2006, S. 343ff.).

Professionalität hingegen wird als »... Auskunft über das theoretische und praktische Handlungsverständnis einer Disziplin« definiert (ebd.). Als Voraussetzungen für Professionalität führt Wolf (2006) drei Aspekte an:

- Es besteht ein systematisches (wissenschaftliches) Wissen, das spezifische Aneignungsverfahren erfordert (vgl. ebd.).
- Es besteht eine »... am Gemeinwohl ausgerichtete Handlungsorientierung, die professionsintern vom Berufsethos verkörpert wird« (ebd., S. 146).
- Es besteht eine Autonomie der Kontrolle, die sich durch Standards in der Berufsausbildung und -ausübung auszeichnet (vgl. ebd.).

Fasst man diese Aspekte zusammen, zeichnet sich auf politischer Ebene die Konstitution eines Berufsbildes anhand von einem gesellschaftlich relevanten Problembereich und rechtlich anerkannten Ausbildungs- und Qualifizierungsverfahren ab (vgl. Kusel 2010, S. 11).

Auf der Ebene der Individuen hingegen ist der Erwerb von systematischem (wissenschaftlichen) Wissen und der Aufbau handlungsrelevanter Kompetenzen gemeint. Darüber hinaus zeichnet sich Professionalität bei Lehrenden aber auch in »situationsangemessenen Transformation von Wissen und Können«

(ebd.) aus, die speziell im Bereich der Bildung nötig ist, um individuelle Lehr-Lernprozesse zu begleiten und Qualität im Sinne einer Transformation zu ermöglichen (vgl. ebd.). Professionen an sich orientieren sich auch an gesellschaftlichen Anforderungen und reflexiven Wandlungsprozessen (vgl. ebd.).

2.3 Anforderung: Innovationen und ihr Transfer

Innovationen sind die Wurzeln von Lern- und Reflexionsprozessen in der Bildungspraxis (vgl. Kusel 2010, S. 11). Allgemein wird eine Innovation als »an idea, practice, or object that is perceived as new by an individual or other unit of adoption« definiert (Rogers 2003, S. 12 zit. n. Kusel 2010, S. 11). Zunehmend taucht der Innovationsbegriff nach Gillwald (2000) auch im sozialen Bereich und im Bildungsbereich auf, indem von »Teil und Ergebnis von sozialem Wandel bzw. gesellschaftlicher Modernisierung« (Gillwald 2000, S. 41) gesprochen wird. Soziale Innovationen sind »gesellschaftliche Errungenschaften« (ebd., S. 42), die »Herausforderungen ... begegnen« und somit einen Nutzen bewirken (ebd., S. 41). Die »Richtung der gesellschaftlichen Entwicklung« (ebd.) wird dauerhaft durch soziale Innovationen bestimmt. Soziale Innovationen zeichnen sich also durch ihre Neuheit, ihrem Nutzen und ihrer Wirkung in Form von dauerhaften Folgen aus (vgl. Kusel 2010, S. 12).

Die Verbreitung von Innovationen betreffend, sind Begriffe wie Implementierung, Transfer, Diffusion oder Dissemination zu sichten, die fast synonym zueinander verwendet werden. Während letztere Innovation und ihre Verbreitung auf der Makroebene, also des gesellschaftlichen Systems, erfassen, betrachten die Begriffe Implementierung und Transfer die Verbreitung eher auf der Meso- und Mikroebene (vgl. ebd.). Da Bildungseinrichtungen und ihre Akteure auf der Meso- und Mikroebene angesiedelt sind, möchten wir diese beiden Begriffe fokussieren. Der Begriff der Implementierung beschreibt die Einführung einer Innovation (vgl. ebd., S. 13). Transfer hingegen bezeichnet »die geplante und gesteuerte Übertragung von Problemlösungen, aus einem Kontext A (...) in einen Kontext B« (Jäger 2004, S. 27 zit. n. Kusel 2010, S. 13). Nach Kusel (2010) weisen die Begriffe eine gewisse Überschneidung auf, allerdings beschreibt der Begriff des Transfers eine weitreichendere Tiefe. Da dieser den gesamten Übertragungsprozess skizziert und echter Transformationsleistungen bearf (vgl. Kusel 2010, S. 13).

Organisatorisch-strukturelle, inhaltliche und personelle Bedingungen bestimmen die Förderung oder Hemmung des Prozesses. Insbesondere auf der organisatorisch-strukturellen Ebene wird der Transfer als Organisationsentwicklung und organisationales Lernen als zentraler Aspekt herausgestellt, die zur dauerhaften Verankerung Offenheit und Veränderungslernen benötigen (vgl. ebd.).

In Anbetracht sich ständig ändernder Umfeld- und Einflussfaktoren für Organisationen und den daraus resultierenden Anforderungen im Rahmen von Qualität, besteht der Begriff der Qualitätsentwicklung, der als »... kontinuierliche Reflexion der Bedingungen für Qualität...« und deren Verbesserung beschrieben wird (Hartz, Meisel 2004, S. 23). Somit berücksichtigt Qualitätsentwicklung explizit den ständigen Wandel und skizziert die These, »... dass sich Qualität in der Weiterbildung nur schwerlich festschreiben lässt« (ebd.).

Es können zwei Arten von Qualitätsentwicklung unterschieden werden: die organisations- und die professionsbezogene Qualitätsentwicklung (vgl. Kusel 2010, S. 13). Während sich die organisationsbezogene Qualitätsentwicklung auf die Verbesserung der organisationalen Prozesse bezieht, beschäftigt sich die professionsbezogene Qualitätsentwicklung mit den Fähigkeiten und Kompetenzen der Lehrenden in den Lehr-Lern-Arrangements. Diese beiden Arten kommen nicht ohne einander aus, da gute Lehr- Lern-Arrangements auf abgestimmten organisationalen Prozessen basieren. Daher sollte die Qualitätsentwicklung sowohl auf die Qualität der pädagogischen Angebote für Lernende als auch die Qualität in Bezug auf die Arbeitsbedingungen für Lehrende fokussiert werden (vgl. ebd., S. 13f.).

Soll eine Qualitätsentwicklung in Organisationen der außerschulischen Umweltbildung und BNE angestrebt werden, können verschiedene Instrumente dafür genutzt werden. Ein gängiges Instrument sind Zertifizierungen und Zertifizierungssysteme.

3 Vergleichende Analyse von ausgewählten Qualitätsauszeichnungen und Zertifizierungen und ihren Kriterien für Einrichtungen der außerschulischen Umweltbildung und BNE

Zertifizierungen sind grundsätzlich in zwei Arten zu unterscheiden (vgl. Kusel 2010, S. 17; Michelsen et al. 2013, S. 25). Während die einen als Nachweise für Lernleistungen von Personen dienen (vgl. Edelmann 2011, S. 312), wird die andere Art dazu genutzt, um das Management und die internen Prozesse anhand von bestimmten Qualitätskriterien in Organisationen und Einrichtungen zu überprüfen (vgl. Kusel 2010, S. 17; Michelsen et al. 2013, S. 25)..

Im Bereich der außerschulischen Umweltbildung und BNE bestehen mittlerweile einige Zertifizierungen, bei denen in erster Linie die Qualitäts- und Organisationsentwicklung und das Management fokussiert, aber mitunter auch die inhaltliche Ausrichtung überprüft wird (vgl. ebd.).

In einem solchen Zertifizierungsverfahren wird meistens von unparteiischen Dritten anhand von vorab festgelegten Qualitätskriterien und -bereichen, die Qualität von Angeboten und/oder Bildungseinrichtungen überprüft. Nachdem das Verfahren erfolgreich bestanden wurde, wird ein Siegel vergeben, das das Einhalten dieser Kriterien sichtbar macht. Zertifizierungen sind in der Regel nur für einen bestimmten Zeitraum gültig, um wandelnde Anforderungen zu berücksichtigen. Ist die Gültigkeitsdauer abgelaufen, besteht die Möglichkeit einer Rezertifizierung. Bei dieser wird meistens eine Steigerung der Kriterien verlangt (vgl. Kusel 2010, S. 17).

Zertifizierungen dienen u.a. als Kommunikations- und Marketingmittel, denn sie können die Innen- und Außenwirkung von Akteuren und ihren Angeboten transparenter machen und verbessern. Nach außen dienen sie als ein quittierter Status Quo für die angebotene Organisations- und Bildungsqualität und können als Orientierungshilfe für Bezugsgruppen genutzt werden (vgl. ebd., S. 3). Nach innen fördern sie die Identitätsfindung und -präsentation sowie die Reflektion der eigenen Arbeit und Angebote hinsichtlich der Qualität (vgl. ebd., S. 4).

Durch erworbene Zertifizierungen und Qualitätssiegel können z.B. auch Wettbewerbsvorteile, Befriedigungen von gesellschaftlichen oder kundenbezogenen Erwartungen, aber auch Befriedigungen der Erwartungen von Dachverbänden gefördert werden. Auch Träger oder oberste Leitungsebenen von Einrichtungen und Organisationen können Zulassungsvoraussetzungen für die Inanspruchnahme von Unterstützungsmaßnahmen oder Fördergeldern leichter erreichen (vgl. Blucha 2009, S. 319f.).

Außerdem können Zertifizierungen als Instrument der Steuerung benutzt werden, welches für die Zertifizierenden von Bedeutung ist. Durch die Definition von Qualitätsstandards kommt diesen eine Machtfunktion zu, mit denen sie Geld verdienen können (vgl. Kusel 2010, S. 17).

Zur Einführung in die Thematik soll ein kurzer Überblick in eine Untersuchung von Michelsen et al. (2013) geboten werden, die sich mit dem gegenwärtigen Stand der außerschulischen Bildung für nachhaltige Entwicklung befasst und auch Aspekte zu Zertifizierungen erhoben hat. Die Befragten haben insgesamt 1362 Angaben zur Zertifizierung ihrer Organisation bzw. zu ihrem

Angebot gemacht. 37,4 Prozent haben angegeben eine oder mehrere Zertifizierung(en) erworben zu haben, 16,2 Prozent würden daran arbeiten und 46,4 Prozent sind nicht zertifiziert (vgl. Michelsen et al. 2013, S. 121). 451 abgeschlossene Zertifizierungen konnten von 414 Akteuren bereits erworben werden (es sind doppelte Zertifizierungen oder Wechsel von Zertifizierungssystemen eingeschlossen) (vgl. ebd.). Am häufigsten wurden Zertifizierungen im Qualitätsmanagement benannt, z.B. 29 Prozent LQW. Danach folgen Zertifizierungen aus dem Bereich BNE und Umweltbildung, wie »Bildungspartner/in für Nachhaltigkeit« (NUN) oder Qualitätssiegel »Umweltbildung Bayern« mit 18 Prozent, Systeme für Umwelt- und Nachhaltigkeitsmanagment, wie EMAS (8 Prozent) und Umweltgütesiegel, wie z.B. Biolandbetrieb mit 3 Prozent. (vgl. ebd.). Besonders interessant erscheint dabei die folgende These zur BNE-spezifischen Zertifizierung: »Anbieter, die alle Kriterien des Indikators für Bildung für nachhaltige Entwicklung erfüllen, sind zu über 43 Prozent und damit deutlich häufiger als die übrigen zertifiziert.« (ebd.). Rund 22 Prozent benennen im offenen Antwortformat andere Auszeichnungen und 20 Prozent welche, dessen Bezeichnung sich nicht klar einordnen lässt. Dadurch wird auch die Annahme der Vielzahl und Vielfalt an Zertifizierungsmöglichkeiten deutlich (vgl. ebd., S. 122).

In Anlehnung an das Forschungsprojekt und den damit verbundenen Untersuchungen, wurden für den folgenden Verglich nur bestimmte Zertifizierungen und ihre Qualitätsstandards ausgewählt. Es handelt sich dabei um die Zertifizierung als »Bildungspartner/in für Nachhaltigkeit« (NUN), das Qualitätssiegel »Umweltbildung Bayern«, das Zertifikat »Einrichtung Bildung für nachhaltige Entwicklung (NUA)«, das »Qualitätsmanagementsystem Umweltbildung (QMU)« und die Auszeichnung zum »Offiziellen Dekade-Projekt«.

Die ausgewählten Zertifikate und Auszeichnungen wurden in Anlehnung nach Kusel (2010) nach folgenden Kriterien strukturiert und untersucht:

1. Gegenstand der Zertifizierung
2. räumlicher Gültigkeitsbereich
3. Entstehungsjahr/Zertifizierung möglich seit
4. Entwickler/in/ Entwicklungsteam des Zertifikats/Siegels
5. Zertifizierende
6. Zielgruppe/n
7. Anzahl der zertifizierten Akteure
8. Voraussetzungen
9. Prüfung

10. Gültigkeitsdauer und Ablauf
11. (angegebener) Nutzen
12. Kosten
13. Qualitätsstandards und -kriterien

Im nachfolgenden sollen nun die Inhalte und Aspekte zu den benannten Kriterien für die ausgewählten Zertifizierungen näher beschrieben werden, um eine Analyse und einen Vergleich der verschiedenen Zertifizierungen zu ermöglichen:

3.1 Gegenstand der Zertifizierung

Insgesamt zertifizieren und fokussieren die ausgewählten Auszeichnungen mehrheitlich BNE. Die NUN-Zertifizierung quittiert »...eine an BNE orientierte Bildungsarbeit der Bildungsanbieter(innen)« (Kusel 2010, Anhang I, ii). Das Qualitätssiegel Umweltbildung Bayern verleiht die Erlaubnis zur Nutzung der Dachmarke und des Marketingkonzepts und zertifiziert »... die Bildungsarbeit von Umweltbildungseinrichtungen und -netzwerken mit einem inhaltlichen Schwerpunkt im Bereich BNE« (Kusel 2010, Anhang I, iv). Die Zertifizierung NUA zeichnet Akteure im Bereich Bildung für nachhaltige Entwicklung als »Einrichtung Bildung für nachhaltige Entwicklung« bzw. als »Partner Bildung für nachhaltige Entwicklung« aus (vgl. NUA 2015, S. 17, S. 3ff.). Das Qualitätsmanagement Umweltbildung (QMU) quittiert im Vergleich zu anderen Zertifizierungen vor allem das Qualitätsmanagement einer Einrichtung oder von Einzelpersonen und unterscheidet sich daher im Vergleich zu den anderen am meisten. Es dient als »... Instrument zur professionellen, d.h. strategie-, ziel- und ergebnisorientierten, systematischen Führung von Umweltbildungseinrichtungen mit einem besonderen Fokus auf Verfahren, Prozesse und kontinuierlichem Lernen.« (LANU 2012, S. 24). Die Auszeichnung zum Offiziellen Dekade-Projekt erhalten Akteure, die Aktivitäten im Bereich BNE anbieten (vgl. Kusel 2010, Anhang I, v).

3.2 Räumlicher Gültigkeitsbereich

Die Zertifizierungen und Auszeichnungen sind überwiegend für einzelne Bundesländer konzipiert und können entsprechend nur von Akteuren der Umweltbildung und BNE in den jeweiligen Bundesländern erworben werden. Der räumliche Gültigkeitsbereich für das NUN-Zertifikat umfasst die Länder Schleswig-Holstein, Mecklenburg-Vorpommern und Hamburg (vgl. NUN 2013, S. 2).

Das Qualitätssiegel Umweltbildung Bayern gilt für das Bundesland Bayern (vgl. StMUV 2015, S. 3ff.) und das Zertifikat NUA für Nordrhein-Westfalen (vgl. NUA 2015, S. 3ff.). Das QMU gilt gegenwärtig nur für das Bundesland Sachsen, eine bundesweite Zertifizierung durch QMU wird aber angestrebt (vgl. LANU (2012), S. 6f.). Die Auszeichnung zum Offiziellen Dekade-Projekt gilt hingegen im Vergleich als einzige Auszeichnung bundesweit (vgl. Kusel 2010, Anhang I, v).

3.3 Entstehungsjahr/Zertifizierung möglich seit

Seit dem Jahr 2004 kann die NUN-Auszeichnung an Akteure der Umweltbildung und BNE vergeben werden, seit 2008 können sich außerdem auch Akteure aus Mecklenburg-Vorpommern und Hamburg als Bildungspartner für Nachhaltigkeit zertifizieren lassen (vgl. NUN 2013, S. 2f.). Der Erwerb des Qualitätssiegels Umweltbildung Bayern ist seit 2006 möglich (vgl. StMUV 2016a). Die NUA-Auszeichnung ist am jüngsten. Seit 2014 kann die Auszeichnung verliehen werden, wobei die ersten zwei Jahre bis 2016 auch als Modellphase bezeichnet werden (vgl. NUA 2015, S. 2). Diese Modellphase soll durch Evaluationen unterstützt werden und soll dazu dienen Schnittstellen zu anderen BNE-Zertifizierungen aufzudecken und ggf. anerkennen zu lassen (vgl. ebd., S. 11). Seit 2007 können sich Akteure nach QMU zertifizieren lassen (vgl. LANU 2012, S. 7). Zum Entstehungsjahr oder seit wann eine Auszeichnung als Offizielles Dekade-Projekt möglich ist, konnte in den Recherchen keine Angabe gefunden werden.

3.4 Entwickler/in/ Entwicklungsteam des Zertifikats/Siegels

Das NUN-Zertifikat wurde durch eine Arbeitsgruppe von Vereinen und Verbänden der Umwelt- und entwicklungspolitischen Bildung und in Kooperation mit dem schleswig-holsteinischen Umwelt- und Bildungsministerium (vgl. Kusel 2010, Anhang I, ii) im Rahmen der »Norddeutschen Partnerschaft zur Unterstützung der UN-Dekade Bildung für nachhaltige Entwicklung 2005–2014 (NUN)« von den Bundesländer Hamburg, Mecklenburg-Vorpommern, Niedersachsen, Schleswig-Holstein und mit Bremen als Gast entwickelt (vgl. NUN 2013, S. 2).

Umweltbildung Bayern wurde von einem Kernteam entwickelt, in dem Personen vom Staatsministerium für Umwelt und Verbraucherschutz (StMUV), vom Bayerischen Staatsministerium für Ernährung, Landwirtschaft und Forsten/Bayerische Forstverwaltung, vom ANU Landesverband Bayern e.V. und vom Landesbund für Vogelschutz in Bayern e.V. vertreten sind (vgl. StMUV 2015, S. 5).

Die Entwicklung der Auszeichnung NUA beruht auf verschiedenen Institutionen, wie dem Ministerium für Klimaschutz, Umwelt, Landwirtschaft, Natur- und Verbraucherschutz (MKULNV); BnE-Agentur; Partner der ANU NRW e.V.; Eine-Welt-Netz NRW e.V. und weiterer Vertreter/innen, die alle zusammen den Fachbeirat bilden (vgl. NUA 2015, S. 3). Dieser Fachbeirat gilt als Entscheidungsgremium, in dem gemeinsam Grundlagen diskutiert oder auch Entscheidungen zum Zertifikat und zu Zertifikatsvergaben getroffen werden (vgl. NUA 2015, S. 22). Als Entwicklungsteam der QMU-Zertifizierung werden die Akademie der Sächsischen Landesstiftung Natur und Umwelt (LaNU), das Institut für Umweltschutz in der Berufsbildung e.V. (IUB) in Zusammenarbeit mit Umweltbildungseinrichtungen und -akteuren aus Sachsen, Sachsen-Anhalt und Thüringen angegeben, die im Rahmen des DBU gefördertes Projekts »Einführung von Qualitätskriterien und Qualitätsmanagement im Netzwerk Umweltbildung Sachsen« (2005-2007) das QMU ausgearbeitet haben (vgl. LANU 2012, S. 7). Die Auszeichnung zum Offiziellen Dekade-Projekt wurde von den Mitgliedern der Deutschen UNESCO-Kommission (DUK) entwickelt (vgl. Kusel 2010, Anhang I, v).

3.5 Zertifizierende

Die NUN-Zertifizierenden setzen sich aus einer Kommission von Verteter/innen der Ministerien für Bildung und Landwirtschaft/Umwelt sowie entsprechenden Verbänden zusammen, die das Zertifikat an die entsprechenden Akteure vergeben (vgl. Blucha 2009, S. 321).

Das Zertifizierungskomitee für Umweltbildung Bayern setzt sich aus mindestens jeweils einer Person vom StMUV, Bayerischen Staatsministerium für Ernährung, Landwirtschaft und Forsten/Bayerische Forstverwaltung, ANU Landesverband Bayern e.V. und Landesbund für Vogelschutz in Bayern e.V. zusammen (vgl. StMUV 2015, S. 5). Die Natur- und Umweltschutz-Akademie (NUA) in Nordrhein-Westfalen gilt als Zertifizierungsstelle der Auszeichnung NUA (vgl. NUA 2015, S. 22). Die Zertifizierungsstellen für das QMU sind der TÜV Thüringen e.V. oder das IUB, die eine/n externe/n Gutachter/in für die Begutachtung auswählen (vgl. LANU 2012, S. 14, S. 22). Die Sächsische Landesstiftung Natur und Umwelt (LANU) dient hingegen nur als Koordinierungsstelle für das QMU (vgl. ebd., S. 31).

Die Zertifizierenden für die Auszeichnung als Offizielles Dekade-Projekt setzen sich aus einer Expertenjury des Nationalkomitees, welches von der DUK dazu berufen wurde, zusammen (vgl. DUK 2012, S. 12).

3.6 Zielgruppe/n

Bei NUN werden die Bildungspartner/innen, die das Zertifikat erwerben können in drei Kategorien bzw. Stufen unterteilt. Stufe I umfasst Freiberufler/innen und Personen ohne Einrichtung in der BNE (vgl. ebd.), Stufe II beinhaltet Bildungseinrichtungen mit Räumlichkeiten und Stufe III sind Bildungszentren, die sich u.a. mit Regionalkoordinationsaufgaben, wie Netzwerkarbeit oder Schulungen für Multiplikatoren beschäftigen (vgl. NUN 2013, S. 4). Stufe I und II werden dann als Bildungspartner/innen für Nachhaltigkeit zertifiziert, Stufe III wird in Mecklenburg-Vorpommern und Hamburg als Kompetenzzentrum für Nachhaltigkeit und in Schleswig-Holstein als Bildungszentrum für Nachhaltigkeit bezeichnet (vgl. ebd.).

Das Zertifikat Umweltbildung Bayern können nicht nur Umweltbildungseinrichtungen und Selbstständige, sondern auch Umweltnetzwerke erwerben, die Angebote in der Umweltbildung und/oder BNE anbieten. Umweltbildungeinrichtungen können sowohl kommunale, staatliche als auch kirchliche Einrichtungen sein, aber auch Einrichtungen in Trägerschaft von Vereinen und Verbänden oder Unternehmen und Nicht-Unternehmen (vgl. StMUV 2015, S. 5). Da der Fokus dieses Artikels auf der Zielgruppe der Umweltbildungseinrichtungen liegt, werden die Inhalte und Kriterien für Umweltnetzwerke im nachfolgenden vernachlässigt.

Die Zielgruppe des NUA-Zertifikats wird in zwei Arten unterteilt: Die erste Art umfasst Einrichtungen, die entweder über eine bauliche Infrastruktur verfügen, wo z.B. Veranstaltungen stattfinden können oder Einrichtungen, die einen aufsuchenden Charakter haben. Die zweite Art schließt Partner/innen ein, damit sind freiberufliche Einzelpersonen ohne Räumlichkeiten gemeint, die aufsuchende Arbeit betreiben oder direkt in der Natur arbeiten (vgl. NUA 2015, S. 10). Zielgruppen für das QMU sind sowohl Umweltbildungseinrichtungen als auch Freiberufler/innen in der Umweltbildung und BNE (vgl. LANU 2012, S. 7). Die Zielgruppe für die Auszeichnung als Offizielles Dekade-Projekt ist besonders heterogen, denn sie umfasst »... Institutionen, Organisationen, Unternehmen, Projektträger und Einzelpersonen, die Initiativen zur Bildung für nachhaltige Entwicklung ergriffen haben: zum Beispiel Kindergärten, Schulen, Hochschulen und Unternehmen, Behörden, Nicht-Regierungs-Organisationen, lokale Aktionsgruppen sowie Einzelprojekte« (DUK 2012, S. 13). Darüber hinaus können sich auch »... deutsche Städte, Gemeinden und Landkreise, die sich überdurchschnittlich für Bildung für nachhaltige Entwicklung in ihrem Stadtbild engagieren« bewerben (ebd., S. 18), sowie Einzelbeiträge zur UN-Dekade, wie z.B. Veranstaltungen, Publikationen oder kürzere Projekte auszeichnen lassen (vgl. ebd., S. 19).

3.7 Anzahl der zertifizierten Akteure

Als Bildungspartner/innen für Nachhaltigkeit, NUN, sind im Jahr 2015 in Schleswig-Holstein sechs Bildungspartner/innen (Stufe I), 28 Einrichtungen (Stufe II) und fünf Zentren (Stufe III) zertifiziert worden (vgl. Forkel-Schubert 2015b). In Mecklenburg-Vorpommern sind es in Stufe I vier Bildungspartner/innen, in Stufe II 13 Einrichtungen und in Stufe III ein Zentrum (vgl. Forkel-Schubert 2015c). In Hamburg sind es sieben Bildungspartner/innen (Stufe I), fünf Einrichtungen (Stufe II) und vier Zentren (Stufe III) (vgl. Forkel-Schubert 2015a). Das Siegel Umweltbildung Bayern tragen gegenwärtig rund 130 Einrichtungen, Netzwerke und selbstständig Tätige (vgl. StMUV 2016a). Aus der Broschüre der NUA geht nur eine Anzahl von »Best-practice-Beispielen« für das Zertifikat NUA hervor, hier sind sechs zertifizierte Einrichtungen und zwei zertifizierte Freiberufler/innen aufgeführt (vgl. NUA 2015, S. 18-21). Nach einem Stand von April 2009 sind bisher fünf Akteure nach QMU zertifiziert (vgl. Kusel 2010, Anhang I, iii).

Bis Mitte 2012 haben sich über 1.500 Projekte (vgl. ebd., S. 12) und 14 Kommunen in Deutschland als Offizielles Dekade-Projekt auszeichnen lassen können (vgl. DUK 2012, S. 18).

3.8 Voraussetzungen

Für ein paar der Zertifizierungen werden unterschiedliche Voraussetzungen benannt, die z.T. bereits vor dem eigentlichen Zertifizierungsprozess vorhanden sein sollten. Die fünf Voraussetzungen für das NUN- Zertifikat sind ein Nachweis über die Qualifikation der Antragsteller/innen, die Berücksichtigung von inhaltlichen und methodischen Aspekten der BNE, die Verknüpfung von einzelnen inhaltlichen Aspekten und die Perspektivenvielfalt in den Angeboten, Einbezug von Teilnehmer/innen bei der Gestaltung von Bildungsangeboten und eine Ausrichtung der Ausstattung und ggf. Einrichtung, Organisation und Leitung an einer nachhaltigen Entwicklung (vgl. NUN 2013, S. 4).

Als grundsätzliche Voraussetzungen für den Zertifizierungsprozess und -erwerb des Siegels Umweltbildung Bayern müssen zunächst alle Akteure ihren

Sitz in Bayern haben und Bildungsveranstaltungen im Bundesland Bayern anbieten. Sie müssen seit mindestens zwei Jahren in der Umweltbildung bzw. BNE tätig sein und den inhaltlichen Schwerpunkt auf den Bereich der BNE legen (vgl. StMUV 2016b). Darüber hinaus muss eine Gewährleistung von fachlich ausgewogener und ideologiefreier Kompetenzvermittlung der Umweltbildung gegeben sein (vgl. StMUV 2015, S. 4).

Für die NUA-Auszeichnung für Umweltbildungseinrichtungen gilt als grundsätzliche Voraussetzung zunächst ein nachzuweisendes, bestehendes Leitbild. Dieses muss auf BNE hin ausgerichtet, im Bewusstsein der in der Einrichtung tätigen Personen verankert und nach außen sichtbar sein. Das Leitbild sollte als ein mindestens mittelfristiges Ziel gesetzt sein (vgl. NUA 2015, S. 10). Des Weiteren besteht für Einrichtungen auch die Forderung, dass in allen anderen Belangen der Organisation eine Orientierung an den Prinzipien für nachhaltige Entwicklung erfolgen muss (vgl. ebd.). Weitere Voraussetzungen sind der Nachweis über die fachliche Qualifikation der Antragstellenden, eine Berücksichtigung von inhaltlichen und methodischen Aspekten der BNE, die in der Bildungsarbeit vermittelt werden, eine Verknüpfung von einzelnen inhaltlichen Aspekten, Perspektivenvielfalt, eine Partizipation von Mitarbeiter/innen sowie Teilnehmer/innen an der Gestaltung der Bildungsangebote sowie die Achtung der Grundsätze der nachhaltigen Entwicklung bezüglich der Leitung, Organisation und Ausstattung der Umweltbildungseinrichtung (vgl. ebd.). Zum Weg der erfolgreichen Zertifizierung gehört auch eine kooperative Zusammenarbeit mit dem Begutachtungsteams und der NUA sowie das Einreichen der spezifischen und relevanten Materialien, bestehend aus einem Fragebogen und den dazugehörigen Dokumenten (vgl. ebd.).

Für QMU sind keine expliziten Voraussetzungen benannt, es wird allerdings eine Empfehlung zur begleitenden Zertifizierung durch einen modular aufgebauten Qualifizierungskurs ausgesprochen. Dieser Kurs ist kostenpflichtig und enthält neun Kursbausteine, z.B. zu »Der QMU-Prozess und Lehr-Lern-Qualität«, »Das Leitbild – Basis des QM-Systems«, »Der QM-Beauftragte und die Moderation/Gestaltung des QM-Prozesses« usw. (vgl. LANU 2012, S. 23).

Für die Auszeichnung als Offizielles Dekade-Projekt sind keine speziellen Voraussetzungen nötig.

3.9 Prüfung

Die NUN-Prüfung erfolgt in Form einer schriftlichen Dokumentation und Antragsstellung (Unterlagenprüfung) sowie einem Vor-Ort-Besuch mit Gesprächen (vgl. NUN 2013, S. 15f.).

Die Prüfung für das Qualitätssiegel Umweltbildung Bayern erfolgt ausschließlichen durch eine Unterlagenprüfung in Form von Anträgen und aller dazugehörigen relevanten Dokumente, die in schriftlicher und z.T. digitaler Form einzureichen sind (vgl. StMUV 2015, S. 5f.). Durch das StMUV kann jedoch jederzeit eine Überprüfung der Anforderungen durchgeführt werden (vgl. ebd.).

Die Prüfung für die NUA-Auszeichnung erfolgt in Form einer schriftlichen Dokumentation und Antragsstellung (Unterlagenprüfung) inklusive einem Vor-Ort-Besuch mit Gesprächen (vgl. NUA 2015, S. 16).

Die Prüfung für QMU erfolgt ebenso in Form einer schriftlichen Dokumentation und Antragsstellung (Unterlagenprüfung) inklusive einem Vor-Ort-Besuch mit Gesprächen und einem Audit (vgl. LANU 2012, S. 22).

Die Prüfung für die Auszeichnung zum Offiziellen Dekade-Projekt wird in Form einer ausschließlichen Unterlagenprüfung bzw. durch schriftlichen Dokumentationen vorgenommen (vgl. DUK 2012, S. 13).

3.10 Gültigkeitsdauer und Ablauf

Das NUN-Zertifikat ist fünf Jahre gültig, danach muss eine Re-Zertifizierung vorgenommen werden, die eine Weiterentwicklung anhand von ausgesprochenen Empfehlungen aufzeigen muss (vgl. NUN 2013, S. 15f.).

Um das NUN-Zertifikat überhaupt erlangen zu können, muss zuerst ein Antrag mit allen nötigen Unterlagen und Dokumentationen eingereicht werden. Im zweiten Schritt besucht eine Prüfgruppe die Bildungspartner/innen vor Ort. Es werden Gespräche und Protokolle geführt und ggf. Verbesserungsvorschläge gemacht. Wenn alles vorliegt und den Anforderungen genügt, erfolgt die Zertifizierung durch eine Zertifizierungskommission, die sich bundeslandabhängig aus verschiedenen Institutionen und verantwortlichen Behörden und Verbänden zusammensetzt. Zum Schluss wird auf einer Auszeichnungsveranstaltung die Auszeichnung überreicht (vgl. ebd., S. 15). Weitere Schritte, die zu befolgen sind, sind die Teilnahme an Fortbildungen und eine Selbstevaluation, die die Evaluationsergebnisse in Form eines Jahresberichtes zur Vorlage an die Prüfgruppe enthalten (vgl. ebd.).

Das Qualitätssiegel Umweltbildung Bayern ist für drei Jahre gültig und kann auf Antrag und gemäß der Erfüllung strengeren Kriterien für drei weitere Jahre verlängert werden (vgl. StMUV 2015, S. 5f.). Alle Akteure, die zum ersten Mal ausgezeichnet werden, müssen eine Nutzungsvereinbarung unterzeichnen, in der die Bedingungen und die Verwendung des Siegels beschrieben ist. Durch die Auszeichnung verpflichten sich die ausgezeichneten Akteure an den Zielen des Prozesses »Umweltbildung Bayern« mitzuwirken (vgl. ebd.).

Das NUA-Zertifikat »Einrichtung Bildung für nachhaltige Entwicklung« ist für drei Jahre gültig, danach ist eine Re-Zertifizierung unter einer weiteren Prüfung möglich (vgl. NUA 2015, S. 17).

Der Ablauf zum Erwerb des Zertifikats teilt sich in vier Schritte (vgl. ebd., S. 16). Als erstes muss ein Antrag gestellt werden, in dem der vorgefertigte und ausgefüllte Fragebogen anliegt mit weiteren, relevanten Dokumenten, sowie einem Eigenreport über das pädagogische Bildungsangebot und das Erfüllen der acht Qualitätskriterien. Im zweiten Schritt besucht ein Begutachtungsteam, das aus einer bzw. einem Projektmitarbeiter_in von der Zertifizierungsstelle NUA und zwei Mitgliedern des Fachbeirats besteht, die Einrichtung. Dieses Team gilt dann als fester Ansprechpartner. Vor Ort werden dann offene Fragen und Unklarheiten besprochen, Handlungsempfehlungen ausgesprochen und ein Fremdreport erstellt (vgl. ebd.). Während der gesamten Zertifizierungsphase haben die Akteure außerdem die Möglichkeit, kostenfrei, freiwillig und unterstützend an ca. drei Fortbildungen bzw. Seminaren, die beispielsweise Themen wie Leitbild, Finanzierung oder pädagogische Konzeption behandeln, teilzunehmen. Im dritten Schritt erfolgt die Prüfung der Zertifizierung durch den Fachbeirat, basierend auf der Sichtung des erstellten Eigen- und Fremdreports. Letztlich erfolgt dann die Auszeichnungsveranstaltung, in der ein Schild als Geschenk und die Nutzungsrechte für das Logo übergeben werden. Während der Nutzung des Zertifikats werden die Akteure verpflichtet einen kurzen Jahresbericht zu verfassen (vgl. ebd.). QMU ist drei Jahre gültig (vgl. LANU 2012, S. 14). Danach ist eine Rezertifizierung möglich, bei dieser müssen allerdings die bei der letzten Begutachtung identifizierten Verbesserungsmaßnahmen sowie die daraus abgeleiteten Aktivitäten und Maßnahmen (»einschließlich Stand der Umsetzung«) mit eingereicht werden (vgl. ebd., S. 19). Der Ablauf der Zertifizierung erfolgt wie beschrieben: Zunächst stellt die Einrichtung eine Kostenanfrage an die Zertifizierungsstelle, dann unterbreitet diese der Einrichtung ein Angebot. Wird dieses angenommen, erhält die Einrichtung die Anträge. Die Zertifizierungsstelle informiert daraufhin Auditoren und vereinbart Termine. Die Organisation reicht die entsprechenden Anträge, eine Selbstbeschreibung, wie QMU umgesetzt wird, eine Liste mit Verbesserungsmaßnahmen sowie eine Dokumentation des QM-Prozesses bei der Koordinierungsstelle ein (vgl. ebd., S. 21). Anschließend kontrolliert die Koordinierungsstelle die Unterlagen auf Vollständigkeit und wählt eine Fachperson für das externe Gutachen aus, die die Unterlagen prüft und einen Vor-Ort-Besuch mit Audit sowie Feedback-Gesprächen vornimmt sowie schließlich die Zertifizierung empfiehlt oder ablehnt. Diese gibt dann alles an die Zertifizierungsstelle weiter (vgl. ebd.,

S. 14ff.). Die Zertifizierungsstelle prüft die Unterlagen, informiert den/die Antragsteller/innen und die Koordinierungsstelle und stellt bei einer erfolgreichen Prüfung eine Urkunde und die Rechnung aus. Die Koordinierungsstelle leitet dann die Informationen zum Verfahren an die Zertifizierungsstelle weiter und das Qualitätssiegel wird im Rahmen einer feierlichen Veranstaltung übergeben (vgl. ebd., S. 22).

Die Gültigkeitsdauer der Auszeichnung zum Offiziellen Dekade-Projekt beträgt zwei Jahre. Danach ist, wenn eine entsprechende Weiterentwicklung des Projekts zu erkennen ist, eine weitere Auszeichnung für zwei Jahre möglich (vgl. DUK 2012, S. 13). Der Ablauf gestaltet sich wie folgt: An einem Stichtag, im Abstand von circa drei Monaten, werden die eingegangenen Bewerbungen an die entsprechende Arbeitsstelle weitergeleitet, gesichtet und an die Bewertungsjury übergeben. Nach der Bewertung der Jury, übermittelt die Arbeitsstelle ein Votum an die bewerbenden Akteure. Das Verfahren dauert circa acht bis zwölf Wochen (vgl. ebd., S. 13). Sind alle Kriterien erfüllt, wird die Auszeichnung im Rahmen von Auszeichnungsfeiern verliehen, die mit größeren Veranstaltungen, wie z.B. dem Runden Tisch der UN-Dekade, verknüpft werden (vgl. ebd., S. 15).

3.11 (angegebener) Nutzen

Der angegebene Nutzen für das NUN-Zertifikat wird wie folgt erklärt: Nach innen solle z.B. die Qualitätsentwicklung reflektiert und optimiert und das Bildungsangebot bezüglich Inhalt, Ablauf, Ressourcen und Zielgruppe professioneller ausgerichtet werden. Für alle Beteiligten solle die Motivation und Zielorientierung gesteigert und ein Austausch mit anderen über Best-practise-Beispiele gefördert werden (vgl. NUN 20013, S. 5). Nach außen würde Transparenz und Glaubwürdigkeit aufgrund von eingehaltenen Standards signalisiert, ein präzises Profil präsentiert und die Bekanntheit durch gemeinsame Werbungen erhöht werden. Darüber hinaus dürfen die zertifizierten Bildungspartner/innen das Logo tragen und für die Arbeit nutzen (vgl. ebd., S. 6).

Der angegebene Nutzen des Siegels Umweltbildung Bayern wird durch folgende Aspekte argumentiert: Zertifizierte Akteure dokumentieren und weisen durch das Tragen des Siegels eine stetige Qualität für ihre Produkte und Dienstleistungen nach (vgl. StMUV 2015, S. 3f.). Die Bekanntheit der zertifizierten Akteure wird durch Vernetzungen, Austausch und werbende Materialien gesteigert und auch das Image kann durch die getroffenen Vereinbarungen und Qualitätskriterien verbessert werden. Eine gesellschaftspolitische Präsenz wird gefördert, finanzielle Absicherungen sowie feste Positionierungen auf dem Markt können sich mithilfe des Siegels entwickeln (vgl. ebd.). Der (angegebene) Nutzen der NUA-Zertifizierung liegt zunächst einmal in der Nutzung des Logos (vgl. NUA 2015, S. 6) für Materialien, Öffentlichkeitsarbeit etc. Darüber hinaus bietet der Prozess der Zertifizierung aber auch eine Möglichkeit der Reflexion und Nutzung von Handlungsempfehlungen für das weitere Vorgehen der Einrichtung (vgl. ebd., S. 9).

Durch die Qualitätsbestätigung der Arbeit kann außerdem eine »Motivation und Qualifizierung der Mitarbeitenden« (S. 8) gefördert werden, sich ein gestärktes Einrichtungsprofil, Transparenz und gesteigerte Bekanntheit, u.a. durch Öffentlichkeitsarbeit auf Landesebene für die zertifizierten Akteure, entwickeln. Zusätzlich können zertifizierte Einrichtungen an Fortbildungen und Austauschveranstaltungen teilnehmen und sich Netzwerke aufbauen, um einen Austausch zu ermöglichen (vgl. ebd., S. 8ff.).

Der (angegebene) Nutzen der QMU-Zertifizierung besteht insgesamt in der Förderung der Qualität von Bildung und Organisation (vgl. LANU 2012, S. 11, S. 7). Darüber hinaus bietet das QMU eine Kombination und Orientierung aus/an Zertifizierungen aus der Umweltbildung und BNE mit den gängigen Modellen EFQM, LQW und DIN EN ISO 9001:2000, so dass QMU auch als Einstieg für EFQM genutzt werden kann.

QMU bietet, wie in der Broschüre beschrieben wird, einen flexiblen Referenzrahmen, der für große und kleine Umweltbildungseinrichtungen, Teile/Abteilungen von Umweltbildungseinrichtungen und Freiberufler/innen passend sei (vgl. ebd., S. 24). QMU betrachtet Management ganzheitlich, bezieht BNE mit ein und bindet durch Rückkopplungsschleifen eine Ausrichtung auf Innovationen und Lernen sowie strategische Komponenten mit ein (vgl. ebd., S. 7). Außerdem erhalten alle ausgezeichneten Akteure eine Urkunde, die für die Öffentlichkeitsarbeit genutzt werden kann (vgl. ebd., S. 22).

Der angegebene Nutzen der Auszeichnung zum Offiziellen Dekade-Projekt besteht in dem Erhalten und Verwenden von Materialien, wie beispielsweise einer Fahne, einem Stempel, einer Metallplakette und Urkunde sowie dem Projekt-Logo der UN-Dekade (vgl. DUK 2012, S. 14). Durch die Auszeichnungen werden die Projekte auch als besonders wertvoll betitelt, was beim Erwerb von Fördergeldern hilfreich sein soll. Während der Auszeichnungsfeier werden zudem Fotos gemacht, die für die Presse- und Öffentlichkeitsarbeit genutzt werden können (vgl. ebd., S. 15). Außerdem soll zusätzlich ein Kontaktaustausch zu anderen Dekade-Projekten gefördert werden (vgl. ebd., S. 14).

3.12 Kosten

Die NUN-Auszeichnung, das Qualitätssiegel Umweltbildung Bayern , das NUA-Zertifikat (auch die in diesem Zusammenhang besuchten Fortbildungen und Seminare) und die Auszeichnung zum Offiziellen Dekade-Projekt sind kostenfrei (vgl. NUN 2013, S. 20; Kusel 2010 I, v; NUA 2015, S. 22). Lediglich das QMU ist kostenpflichtig. Dafür wurde bisher eine Zertifizierungsgebühr in Höhe von 500€ erhoben, übrige Kosten wurden von der LaNU übernommen (vgl. Kusel 2010, Anhang I, iii).

3.13 Qualitätsstandards und -kriterien

Die einzelnen Qualitätsstandards und -kriterien für die ausgewählten Auszeichnungen variieren in ihrer Menge und ihrem Umfang. Während die NUN- Auszeichnung sechs Qualitätskriterien mit unterschiedlich vielen Teilkriterien abfragt, erwartet Umweltbildung Bayern für Einrichtungen die Erfüllung von fünf Qualitätskriterien mit jeweils unterschiedlich vielen Teilkriterien. Die NUA-Auszeichnung erfordert acht Qualitätsaspekte und QMU neun Qualitätskriterien mit verschiedenen Teilkriterien. Bei QMU wird außerdem zwischen Gestaltungskriterien (=GK) (Kriterium eins bis sechs) und in Ergebniskriterien (=EK) (Kriterium sieben bis neun) unterschieden. Für die Auszeichnung als Offizielles Dekade-Projekt wird das Erfüllen von sieben Kriterien gefordert. Diese sollen im nachfolgenden genauer beschrieben und erläutert werden:

NUN: Um das NUN-Zertifikat zu erwerben, ist es notwendig sechs verschiedene Anforderungen bzw. Qualitätskriterien zu erfüllen und diese nachweisen zu können. Diese sechs Hauptkriterien haben verschiedene Teilbereiche, in denen die Anforderungen konkretisiert werden und unter Berücksichtigung von länderspezifischen Regelungen auch leicht abgeändert sein können. Die drei ersten Hauptkriterien »Leitbild«, »Menschen« und »Bildungsangebot« sind die wichtigsten Anforderungen und werden stärker als die anderen drei Hauptkriterien, die »Öffentlichkeitsarbeit«, »Organisationsstruktur« und »Infrastruktur« genannt werden, gewertet (vgl. NUN 2013, S. 7f.).

1.) Das Leitbild als erster Qualitätsbereich ist in die Teilbereiche »Inhalte des Leitbildes« und »Erarbeitung und Umsetzung« unterteilt (vgl. ebd., S. 8). Unter einem Leitbild wird die Identität und die Darstellung des Zweckes und Profils von Bildungspartner/innen verstanden. Es muss das Konzept von BNE und das pädagogische Bildungsangebot enthalten, Zielgruppen der Bildungsarbeit müssen klar benannt und Weichen für Kooperationspartner/innen gestellt werden.

Bildungspartner/innen der Stufe II und III müssen außerdem Faktoren der internen Zusammenarbeit und Kommunikation erläutern. Insgesamt formuliert es das Selbstverständnis der Bildungspartner/innen. Das Leitbild muss von allen Beschäftigten zusammen formuliert und akzeptiert worden sein, denn es dient zur Transparenz nach innen, aber auch nach außen gegenüber Zielgruppen etc. Die Leitungspersonen sind dafür verantwortlich, dass das Leitbild umgesetzt und »gelebt« wird (vgl. ebd.).

2.) Der zweite Qualitätsbereich »Menschen« gliedert sich in fünf Teilbereiche: Qualifizierung, Fortbildung, Austausch (mit Externen), Kooperation und Vergütung (vgl. ebd., S. 9). Die Qualifikation über fachliche und pädagogische Kompetenzen von Beschäftigten wird sowohl als Basis für die Qualität als auch als Rahmen für ein regelmäßiges und langfristiges Bildungsangebot betrachtet und muss daher durch entsprechende Dokumente nachgewiesen werden. Für Ehrenamtliche oder freie Mitarbeiter/innen sind Erklärungen nötig, die die Qualifikation in der pädagogischen Arbeit aufzeigen. Darüber hinaus ist die Einarbeitung dieser zu dokumentieren (vgl. ebd.). Durch den Teilbereich »Fortbildung« wird eine kontinuierliche Weiterentwicklung des Bildungsangebotes angestrebt. Für hauptamtlich Tätige ist die Teilnahme am BNE-relevanten Fortbildungen Pflicht. Pro Jahr werden möglichst 25 Stunden Weiterbildung oder die Teilnahme an Tagungen oder Kongressen verlangt. Alle anderen Mitarbeiter/innen und Ehrenamtlichen müssen ebenfalls jährlich an BNE-Fortbildungen teilnehmen, jedoch können die Fortbildungen für Ehrenamtliche intern oder extern gestaltet werden. Ein Stundensatz ist hier nicht festgesetzt (vgl. ebd.). Die Teilbereiche »Austausch (mit Externen)« und »Kooperation« erfordern zur Erfüllung der Anforderungen die aktive Teilnahme an Netzwerkarbeiten mit BNE-Bezug. Es soll sich mit anderen Akteuren der BNE ausgetauscht werden und nach Möglichkeit gemeinsame Angebote oder Kooperationen geschaffen werden (vgl. ebd.). Die Vergütung als letzter Teilbereich sichert die angemessene Bezahlung. Es soll mindestens der Mindestlohn oder ein vergleichbarer Betrag in Anlehnung an die pädagogischen Beschäftigungsverhältnisse gezahlt werden. Tatsächlich wird die Höhe der Vergütung aber nicht stark gewichtet, wie es in der Broschüre steht, damit die Arbeit der vielen Ehrenamtlichen nicht unterdrückt oder gehindert wird (vgl. ebd.).

3.) Das dritte Hauptkriterium »Bildungsangebot« gliedert sich in ein bzw. zwei Teilbereiche mit weiteren Unterkategorien. Der Teilbereich »pädagogisches Konzept« gliedert sich in »Querschnittsthema BNE«, »Kompetenzen im Sinne von BNE«, »Handlungsfelder der Nachhaltigkeit« (ebd.), Perspektiven- und Methodenvielfalt und in Vor- sowie Nachbereitung auf. Der zweite Teilbereich ist nur für Bildungspartner/innen der Stufe III relevant, die zusätzlich Multiplikatorenfortbildungen anbieten müssen (vgl. ebd., S. 10). Das pädagogische Konzept des Bildungsangebotes muss schriftlich dokumentiert sein und informiert über Inhalte, Kompetenzen, Methodik, Materialien, Lernziele und Klientel und thematisiert übergeordnet die besonderen Inhalte von BNE (vgl. ebd., S. 11). Diesbezüglich gibt es einiges zu beachten. Die Inhalte sollen mit einer zielgruppenspezifischen, handlungsorientierten, alltagsbezogenen und interaktiven Methodik in Anlehnung an die BNE-relevante Kompetenzen vermittelt und für die Zertifizierung nachvollziehbar erklärt werden. Die Befähigung sowie Haltung im Sinne einer Nachhaltigkeit zu handeln, soll durch die pädagogische Arbeit gefördert und reflektiert werden. Schwerpunktthemen und Handlungsfelder von BNE sind einzubeziehen und Bezüge zu den Dimensionen von Nachhaltigkeit (Ökologie, Ökonomie, Kultur und Soziales) herauszuarbeiten (vgl. ebd., S. 10f.). Bildungspartner/innen der dritten Stufen müssen nach und nach möglichst viele Handlungsfelder in ihr Angebot integrieren, um auch andere Akteure mit diesen Impulsen zu fördern (vgl. ebd., S. 11).

Mithilfe von Vor- und Nachbereitungen der Angebote soll eine Reflexion und Bewertung dieser erzielt werden. Durch Handreichungen, die passend zu den pädagogischen Zielen sind, soll BNE ganzheitlich erläutert werden und über weiterführende Quellen informieren (vgl. ebd.). Insgesamt muss das pädagogische Konzept an mindestens einem Angebot aufzeigen, inwiefern es sich von anderen fachlichen Veranstaltungen zum Thema Umweltbildung, Naturerleben etc., abgrenzt. Eine Veröffentlichung des pädagogischen Konzeptes, beispielsweise im Internet, ist außerdem gefordert (vgl. ebd.).

4.) Die Thematik Öffentlichkeitsarbeit stellt den vierten Qualitätsbereich dar und ist die »Visitenkarte« (ebd., S. 12) der Arbeit. Über verschiedene Medien ist das Programm und die bzw. der dazugehörige Bildungspartner/in anschaulich vorzustellen und aufzubereiten. Es ist dabei auf umweltfreundliche Materialien zu achten. Bildungspartner/innen der dritten Stufe werben ferner für Angebote für Multiplikatoren in überregionalen BNE-Kampagnen, wie z.B. Aktionstagen (vgl. ebd.).

5.) »Organisationsstruktur«, Qualitätskriterium fünf, variiert in der Ausgestaltung nach Stufe der Bildungspartner/innen. Für Stufe I entfällt dieser Bereich komplett. Für die anderen beiden Stufen sind die Teilbereiche Aufgabenverteilung bzw. Verantwortlichkeiten, Kommunikation, Personalführung und -entwicklung wie Evaluation nachzuweisen. Ab zwei Beschäftigten müssen die Verantwortlichkeiten für alle klar geregelt sein. Auch Außenstehende sollen erkennen, welche Ansprechpartner/innen für die jeweiligen Bereiche zuständig sind. Bildungs- bzw. Kompetenzzentren, also Bildungspartner/innen der dritten Stufen, müssen ihre Geschäftsstelle mindestens an fünf Tagen in der Woche mindestens halbtags besetzen, damit ein Informationsaustausch für alle Akteure sichergestellt werden kann (vgl. ebd., S. 13).

Der Teilbereich Personalführung und Personalentwicklung ist ab einer Größe von fünf Beschäftigten von Bedeutung. Leitlinien wie Demokratie und Partizipation hinsichtlich Entscheidungsprozessen müssen in der Personalführung verankert sein. Auch Familienfreundlichkeit und genderspezifische Aspekte sowie Barrierefreiheit sind zu beachten.

Die Evaluation soll durch Rückmeldungen von Kunden und Zielgruppen vorgenommen werden, um Weiterentwicklungsprozesse anzustoßen und vorzunehmen. Bei mehrtägigen Angeboten sollte die Evaluation schriftlich eingeholt werden. Rückmeldungen von Externen sollten nach Möglichkeit ebenfalls eingeholt werden (vgl. ebd.).

6.) Der letzte Qualitätsbereich »Infrastruktur« umfasst als Teilbereiche ökologisches und sozial verträgliches Wirtschaften, Räumlichkeiten und Ausstattung (nur für Stufe II und III), die ausgewogene, gesunde Verpflegung, Anreise und Unterbringung, die alle unter umweltfreundlichen und nachhaltigen Gesichtspunkten gestaltet werden sollen, um die Authentizität der Bildungspartner/innen zu unterstützen. Ressourcenschonende, umweltfreundliche und faire Maxime bestimmen die Gestaltung der Wasser- und Energieversorgung, Abfallwirtschaft und Beschaffung. All dies soll in die Bildungsarbeit miteinbezogen und thematisiert werden (vgl. ebd., S. 14).

Umweltbildung Bayern: Damit Einrichtungen das Qualitätssiegel Umweltbildung Bayern erhalten können, muss zunächst für einen Erstantrag eine schriftliche Beschreibung der Einrichtung und Tätigkeit vorlegt werden. Für Nachfolgeanträge ist dieses nicht mehr nötig.

Generell gelten folgende Qualitätskriterien, dessen Erfüllen für den Erwerb des Siegels notwendig ist:

1.) Das erste Kriterium gilt sowohl für einen Erst- als auch einen Nachfolgeantrag und behandelt die Personalausstattung. Hier muss ein schriftlicher Nachweis über eine pädagogische Ausbildung von der Leitungsperson oder einer angestellten Person erfolgen. Alternativ ist ein Nachweis über eine pädagogische Zusatzqualifikation möglich, zusätzlich zu einer mindestens zweijährigen Erfahrung in einem pädagogischen Tätigkeitsfeld (vgl. StMUV 2015, S. 8). Außerdem muss mindestens eine methodische und inhaltliche Fortbildung durch die Leitungsperson oder eine angestellte Person in den letzten drei Jahren absolviert worden sein. Alternativ ist die erfolgreiche Teilnahme an Qualifizierungsworkshops im Rahmen von Umweltbildung Bayern oder BNE möglich (vgl. ebd.).

2.) Ein weiteres Kriterium für einen Erst- und Nachfolgeantrag ist das Bildungsangebot, das verschiedene Aspekte enthalten und berücksichtigen muss. Das Bildungsangebot muss zunächst ein pädagogisches Konzept in digitaler Form enthalten, in dessen Elementen klare Bezüge zum Bereich BNE dargestellt werden. Die wesentlichen Aspekte, auf die eingegangen werden muss, sind mithilfe von W-Fragen zu beschreiben: Was: »Inhalte und Kompetenzen aus den Bereichen Wissen, Können, Verstehen, Beurteilen, Werteerziehung, Handlungsmöglichkeiten erkennen« (StMUV 2015, S. 9). Wem: »Zielgruppe: präzise Angabe der Zielgruppe/n, Größe und Art der Gruppe/n, ggf. Besonderheiten« (ebd.); Wie: »Methodenwahl: Vortrag, Spiel, Philosophieren, Erkundung « (ebd.); Womit: »Lehr- und Lernmaterialien: Arbeitsblätter, Medien, Exkursionen, Modelle, Anschauungsobjekte« (ebd.); In welcher Zeit: »Angabe des Zeitraumes, der Zeitintervalle der Durchführung« (ebd.) und Warum: »Lernziele« (ebd.). Das zweite, weitere Kriterium zum Bildungsangebot müssen die Bezüge zu den Dimensionen von Nachhaltigkeit sein.[3] Bei einem Erstantrag müssen schriftlich mindestens zwei Dimensionen, bei einem Verlängerungsantrag drei der vorgeschriebenen Dimensionen von Nachhaltigkeit berücksichtigt werden. Darüber hinaus muss eine weitere schriftliche Beschreibung beiliegen, wie diese Dimension verbindend in die Bildungsarbeit einfließt (vgl. ebd.).

[3]Nachhaltigkeit wird im Leitfaden zum Qualitätssiegel nach der Deutschen Unesco-Kommission e.V. als Kerngedanke beschrieben, der »zukünftigen Generationen dieselben Chancen auf ein erfülltes Leben« (StMUV 2015, S. 10) ermöglichen soll. Diese Chancen müssen für alle Menschen, die auf der Erde leben, fair verteilt werden. Nachhaltige Entwicklung verknüpft soziale Gerechtigkeit mit wirtschaftlichem Fortschritt und »dem Schutz der natürlichen Umwelt« (ebd.). Nachhaltigkeit weist vier inhaltliche Dimensionen auf: Ökologie, Ökonomie, Soziales und Kultur (vgl. ebd.). Die vier Dimensionen sind nicht trennscharf und können je nach Kontext unterschiedlichen Teilbereichen untergeordnet werden. Es werden folgende Unterpunkte und Themen nach Stoltenberg und Michelsen (1999) zugeordnet: Zur Ökologie können beispielsweise ein sparsamer Umgang mit Ressourcen, Biodiversität, Naturschutz, regenerative Energie, Emissionen, Abfall usw. gehören (vgl. ebd.). Zur Dimensionen Ökonomie z.B. vorsorgendes Wirtschaften, Kreislaufwirtschaft, umweltfreundliche und innovative Technologien, ökologische und soziale Aspekte zu Preisen, regionale sowie lokale Vermarktungsnetze, Fairer Handel usw. (vgl. ebd.). Die Förderung der Gesundheit des Menschen, innergesellschaftliche Gerechtigkeit, Menschenrechte, Demokratisierung sowie Lebensunterhalt durch Arbeit werden z.B. neben weiteren Aspekten zur Dimension Soziales gezählt (vgl. ebd., S. 10f.). Umweltgerechte Lebensstile, ganzheitliche Naturwahrnehmung, vielfältige, lokale und kulturelle Nutzung der Wege zur nachhaltigen Entwicklung, Konsumentenbewusstsein, internationaler Austausch sowie weitere Themen können im Rahmen der Dimensionen (globale) Kultur behandelt werden (vgl. ebd., S. 10f.).

Zum Kriterium Bildungsangebot muss außerdem eine schriftliche Projektbeschreibung mit BNE-Bezug gehören. Eine Beschreibung von Thematik, Zielsetzung, Zielgruppe, Maßnahmen, Methodenauswahl und drei Schlüsselkompetenzen sind für das Bildungsangebot anzuhängen. Das Kriterium gilt sowohl für einen Erst- als auch für einen Verlängerungsantrag (vgl. ebd., S. 11f.).

Da diese Zertifizierung ausschließlich für Angebote der BNE und Umweltbildung gilt, müssen letztlich auch die Themen und Inhalte mit BNE-Bezug erläutert werden. Die Themen müssen für einen Erst- und Verlängerungsantrag im Programm und in anderen Materialien digital erkennbar und wiederzufinden sein und es müssen auch BNE-Veranstaltungen vorhanden sein und nachgewiesen werden (vgl. ebd., S. 12).

3.) Der dritte Qualitätsbereich behandelt die Arbeit zu Kooperationspartner/innen . Durch Vernetzungen zu Kooperationspartner/innen kann Wissen ausgetauscht werden und es können gemeinsam Arbeitsprozesse angestoßen werden (vgl. ebd.). Für einen Erstantrag muss mit mindestens drei Partnern bzw. Partnerinnen kooperiert werden, bei einem Verlängerungsantrag muss mit mindestens fünf Partnern bzw. Partnerinnen eine Kooperation eingegangen werden (vgl. ebd., S. 13). Außerdem wird auch ein Mitwirken in Netzwerken gefordert. Bei einem Erstantrag soll eine Aktivität in mindestens einem Netzwerk, wie z.B. einem runden Tisch, belegt werden. Für einen Verlängerungsantrag wird die Aktivität in mindestens zwei Netzwerken verlangt. Für alles muss eine schriftliche Erläuterung vorliegen (vgl. ebd.).

4.) Der vierte Qualitätsbereich umfasst die Öffentlichkeitsarbeit. Dazu soll mindestens ein Programm o.ä., wie beispielsweise ein Internetauftritt vorhanden sein, wo Auskünfte und Informationen zu Veranstaltungen, Einrichtung und Ansprechpartner/innen eingeholt werden können. Diese sollen in digitaler Form mit Links zu entsprechenden Homepages für den Erstantrag eingereicht werden (vgl. ebd., S. 14). Bei einer Verlängerung gelten die gleichen Anforderungen für die Öffentlichkeitsarbeit, zusätzlich müssen aber zwei Veranstaltungen im Jahr organisiert werden, zu denen geladene Mandatsträger/innen, wie z.B. Kommunalpolitiker/innen kommen (vgl. ebd.).

5.) Abschließend wird noch eine kontinuierliche Reflexion und Evaluation gefordert. Diese Evaluation soll die Arbeitsweisen und die Zufriedenheit der Kundschaft durch schriftliche oder online gestellte Fragebögen, mündliche Befragungen oder Beobachtungen erheben (vgl. ebd., S. 15). Für einen Erstantrag muss mindestens eine dieser benannten Möglichkeiten genutzt werden (vgl. ebd.).

Die drei nachfolgenden Anforderungen an Einrichtungen sind zwar keine Muss-Kriterien, werden aber als äußerst wünschenswert betrachtet. Dazu gehört die Erstellung und Nutzung eines Leitbildes, die Vermittlung von Schlüsselkompetenzen und die Nutzung von partizipativen Methoden (vgl. ebd., S. 22ff.). Bei einer Verlängerung der Zertifizierung für Umweltbildungseinrichtungen müssen neben den bereits beschriebenen Aspekten weitere drei von fünf nachfolgenden Kriterien berücksichtigt werden (vgl. ebd., S. 16):

- jährlich den Onlinestatistikbogen ausfüllen; ein Instrument des StMUV, das die Nutzung von Mitteln, Angeboten, Veranstaltungen usw. von Einrichtungen erhebt (vgl. ebd., S. 16).
- Veröffentlichung eines aktuellen Kurzporträts auf der Homepage von Umweltbildung Bayern (vgl. ebd.).
- am Netzwerk »Umweltbildung Bayern« beteiligen; an mindestens einem Checkpoint innerhalb von drei Jahren teilnehmen, einen Qualifizierungsworkshop anbieten oder daran teilnehmen oder im Kampagnenteam mitarbeiten (vgl. ebd., S. 17).
- zur Kommunikation des Qualitätssiegels beitragen; das Logo beim Internetauftritt möglichst auf der Startseite verwenden und zur Homepage von Umweltbildung Bayern verlinken, das Logo auf dem (Jahres-)Programm darstellen sowie auf Flyern, Postern oder ähnlichen Materialien platzieren (vgl. ebd.).
- in mindestens zwei Presseschreiben, -artikeln und -informationen »Umweltbildung Bayern« erwähnen (vgl. ebd., S. 18).

NUA: Um die NUA-Zertifizierung als Einrichtung erlangen zu können, müssen folgende acht Qualitätsbereiche, bestehend aus »Leitbild«, »pädagogisches Konzept «, »Menschen«, »Öffentlichkeitsarbeit«, »Organisationsstruktur«, »Infrastruktur«, »Kontinuität« und »Finanzierung«, erfüllt werden (NUA 2015, S. 11ff.).

1.) Das erste Kriterium, das bestehende Leitbild, erscheint als besonders wichtiges Kriterium. Die Ausrichtung auf BNE ist besonders relevant und muss deutlich erkennbar sein. Die NUA definiert ein Leitbild als »... eine schriftliche klar gegliederte, langfristig angelegte Zielvorstellung des Bildungspartners bzw. der Gesamtorganisation der Bildungseinrichtung« (ebd., S. 12). Das Leitbild dient nicht nur als Rahmung für das Profil, Klientel und Zielsetzungen der Bildungsarbeit sowie Orientierung für die tägliche Arbeit und dessen Aufgaben, es skizziert auch die Werte und geplante Umsetzung hinsichtlich einer nachhaltigen Entwicklung und das Selbstverständnis der Institution. Es sollte von allen Mitarbeitenden einer Einrichtung entwickelt worden sein und gelebt bzw. getragen werden. Für innere als auch äußere Bezugsgruppen soll es Transparenz anzeigen (vgl. ebd.). In diesem Zusammenhang fordert die NUA eine nach außen gerichtete Sichtbarkeit des Leitbildes. Außerdem sollte das Leitbild als ein mindestens mittelfristiges Ziel gesetzt sein (vgl. ebd., S. 10). Des Weiteren besteht für Einrichtungen auch die Forderung, dass in allen anderen Belangen der Organisation eine Orientierung an den Prinzipien für nachhaltige Entwicklung erfolgen muss (vgl. ebd.).

Als Nachweis wünscht sich die NUA ein schriftliches Dokument mit dem Leitbild der Einrichtung und ggf. der Dachorganisation, sowie passende Veröffentlichungen, Satzungen etc. Zudem sind Protokolle oder Beschlüsse von Workshops, Meetings o.ä. vorzuweisen, die die Erarbeitung des Leitbildes protokollieren (vgl. ebd.). 2.) Das zweite Qualitätskriterium ist das »pädagogische Konzept« (ebd., S. 13). Es ist ein Schriftstück, das auch öffentlich zugänglich ist, beispielsweise auf der Homepage der Einrichtung und es enthält Aussagen zur pädagogischen Grundorientierung, zum Bildungsauftrag sowie zu Bezügen und Dimensionen der BNE. Es beschreibt das pädagogische Vorgehen, inwiefern welche Inhalte und Methoden genutzt werden, um entsprechende (BNE-) Kompetenzen zu vermitteln. Die Methoden sollten vielfältig sein und passend zu der Zielgruppe und ihrer Größe. Darüber hinaus sollten sie handlungsorientiert, interaktiv, reflektierend und BNE- sowie alltagsbezogen sein. (vgl. ebd.). Als Nachweis für diesen Qualitätsbereich muss das pädagogische Konzept inklusive mindestens eines Veranstaltungsbeispiels oder einem Ausschnitt daraus in Bezug zu BNE gezeigt werden. Außerdem sind weitere Beispiele zu Lehrplan- oder BNE-orientierten Veranstaltungen, eine Listung der Bildungsangebote und eine Liste mit den eigenen pädagogischen Handreichungen vorzulegen (vgl. ebd.).

3.) Die Menschen und Mitarbeiter/innen in einer Umweltbildungseinrichtung stellen das dritte Kriterium dar. Diese bestimmen die Planung, Umsetzung und letztlich die Qualität der Angebote maßgeblich. Deshalb sind für die Zertifizierung Nachweise über die Qualifikationen und fachlichen sowie pädagogischen Kompetenzen der lehrenden Personen nötig, ebenso Nachweise über die beruflichen Erfahrungen und Belege über Aus-, Fort- und Weiterbildungen, die die Professionalisierung und Weiterentwicklung der Bildungsarbeit beeinflussen (vgl. ebd., S. 14). Für die Zertifizierung bietet die NUA Bewerber/innen auch Weiterbildungen durch Seminare und Unterstützungen durch Gespräche mit dem Fachbeirat und anderen (zukünftig) zertifizierten Einrichtungen an. Ein Austausch mit anderen Akteuren der Umweltbildung und BNE und die Einbindung in Netzwerke stellt für die Zertifizierung prinzipiell einen wichtigen Bestandteil dar, damit die Akteure neue Einblicke und Impulse für ihre Arbeit erhalten. Abschließend ist die faire Vergütung der Menschen in Umweltbildungseinrichtungen ein weiterer Bestandteil des dritten Qualitätskriterium (vgl. ebd.).

4.) Der vierte Aspekt, die Öffentlichkeitsarbeit, dient als Aushängeschild und Informationsgrundlage für äußere Bezugsgruppen, wie Kundschaft usw. (vgl. ebd.). Im Rahmen des Zertifikats wird eine aktuelle Öffentlichkeitsarbeit von Einrichtungen gefordert, die das Angebot erläutert und ansprechend und interesseweckend für Zielgruppen präsentiert. Wichtige Aspekte sind dabei die Verbreitung der Öffentlichkeitsarbeit durch verschiedene Medien, aber auch die Betonung von umweltfreundlichen und barrierefreien Bezügen (vgl. ebd.).

5.) Die »Organisationsstruktur« als fünftes Kriterium beschäftigt sich mit Themen der Personalentwicklung und -führung, klaren Aufgabenprofilen und -verteilungen sowie Verantwortlichkeiten, Sicherstellung von interner Kommunikation aber auch Grundsätze wie Demokratie, Partizipation und Beteiligungen an Entscheidungsprozessen gehören dazu (vgl. ebd.). Außerdem ist der Bereich der Evaluation entscheidend, der zur Reflexion und Optimierung von Bildungsangeboten und Teilbereichen der Einrichtungen genutzt werden soll (vgl. ebd.).

6.) Im Qualitätsbereich »Infrastruktur« wird erhoben, inwiefern Ausstattungen, Räumlichkeiten und ggf. Außengelände bzw. -bereiche für die pädagogische Bildungsarbeit genutzt werden und geeignet sind. Optimalerweise wird die Infrastruktur einer Einrichtung durch Leitlinien einer nachhaltigen Entwicklung gestützt und durch alle involvierten Personen »gelebt«. Praktische Beispiele sind im ökologischen und sozialen Wirtschaften, in der Ausstattung der Räumlichkeiten, des Ressourceneinsatzes und der Verpflegung der Institution wiederzuerkennen und unterstützen das BNE-orientierte Lernen (vgl. ebd., S. 15).

7.) Der vorletzte Qualitätsbereich ist die »Kontinuität« (vgl. ebd.). Hierunter ist die Beständigkeit der Einrichtung und der pädagogischen Arbeit, wie z.B. eine regelmäßige Nachfrage der Bildungsangebote, gemeint. Im Zuge der Zertifizierung und Überprüfung wird daher nach Angaben zu angebotenen und nachgefragten Veranstaltungen und Aktionen sowie zu der Anzahl der Teilnehmer/innen und zu dauerhaften Kooperationen mit anderen Bildungseinrichtungen gefragt (vgl. ebd.).

8.) Die Finanzierung stellt das letzte Kriterium dar. Da es vielfältige Möglichkeiten der Finanzierung für Umweltbildungseinrichtungen gibt, ist es für die Zertifizierung notwendig, ein konkretes Finanzierungskonzept vorlegen zu können, das die Arbeit für mehrere Jahre sichert. Dieses Konzept wird bei der Überprüfung vorgestellt und geprüft (vgl. ebd.).

QMU: Für die Zertifizierung von Einrichtungen nach QMU gibt es insgesamt neun Qualitätsstandards/-kriterien mit verschiedenen Teilkriterien und Anforderungen, die z.T. mittels Leitfragen erarbeitet werden sollen (vgl. LANU 2012, S. 26ff.). Alle Kriterien stehen in wechselseitigem Bezug und verlangen eine fundierte Abstimmung aufeinander. Die Kriterien eins bis sechs gelten als Gestaltungskriterien (vgl. ebd., S. 11). Diese werden hinsichtlich ihrer Quantität und Qualität überprüft. Besonders bei der Qualität wird eine fundierte Vorgehensweise verlangt, in dem eine klare Begründung, die der Sache angemessen ist, vorliegt. Außerdem muss die Vorgehensweise auch eine integrative Dimension aufweisen, indem sie beispielsweise im Leitbild verankert ist. Die Vorgehensweisen müssen systematisch in allen Bereich umgesetzt und ihre Wirksamkeiten stetig überprüft als auch bewertet werden (vgl. ebd., S. 14).

1.) Als erstes Hauptkriterium wird »Führung« benannt. Die führende bzw. leitende Person einer Einrichtung fungiert als Vorbild und achtet darauf, dass der angestrebte Bildungsauftrag eingehalten und verfolgt wird und die Einrichtung erfolgreich am Markt bestehen kann. Sie setzt Strategien, Regelungen sowie Prozesse und Abläufe der Organisation um, bewertet diese regelmäßig mithilfe von Ergebnissen und verbessert diese kontinuierlich (vgl. ebd., S. 26). Als Teilkriterien werden »Leitbild«, »Management der Bildungsstätte« und »Zusammenarbeit mit Anspruchsgruppen« angeführt (ebd.). Das Leitbild dient, wie bereits zuvor beschrieben, als Identität einer Einrichtung und gilt als Bezugspunkt für alle Qualitätsmaßnahmen (vgl. ebd., S. 16, S. 26). Es beinhaltet eine Mission, Werte, Visionen, die Leistungen, die Definition gelungenen Lernens und die Positionierung zu BNE einer Einrichtung. Es sollte von allen Personen, die in der Einrichtung arbeiten, mitentwickelt worden sein, damit es als Handlungs- sowie Entscheidungsbasis akzeptiert werden kann (vgl. ebd., S. 16). Das »Management der Bildungsstätte« wird maßgeblich von der Führungs- bzw. Leitungsperson gestaltet und sichert die Entwicklung, Umsetzung sowie Verbesserung des Managementsystems. Die »Zusammenarbeit mit Anspruchsgruppen« thematisiert die strategische Zusammenarbeit mit Zielgruppen, Partner/innen, Auftraggeber/innen, Vertreter/innen der Gesellschaft, Politik etc. (vgl. ebd., S. 26).

2.) Der zweite Qualitätsstandard nennt sich »Strategie« und ist in die Teilbereiche »Markt-/Umfeldanalyse«, »Organisationsdiagnose« und »Strategieentwicklung und -umsetzung« gegliedert (ebd.). Die Umweltbildungseinrichtung entwickelt unter verschiedenen Aspekten, wie z.B. Leitbild, Anspruchsgruppen oder gesellschaftlichen Rahmenbedingungen, eine »...langfristig angelegte Handlungsstrategie und setzt diese in definierten Prozessen kontinuierlich und systematisch um« (ebd.). Dazu gehört auch eine Analyse des Marktes bzw. Umfelds um Trends, Erwartungen von Anspruchsgruppen und gesellschaftlichen Herausforderungen gerecht zu werden und mithilfe einer strategischen Planung eine klare Positionierung auf dem Markt zu erlangen (vgl. ebd.). Um diese Analyse vorzunehmen, sollten folgende Fragen beantwortet werden: Welche relevanten Anspruchsgruppen hat unsere Einrichtung? Welche Interessen sowie Erwartungen haben diese an uns? Welche Chancen ergeben sich daraus? Welche Risiken ergeben sich daraus? (vgl. ebd., S. 16). »Welche Anforderungen ergeben sich aus allgemeinen (z. B. politischen, wirtschaftlichen, demografischen und/ oder technologischen) Entwicklungstrends und welche Chancen und Risiken ergeben sich daraus für die Einrichtung?« (ebd.). Sie analysiert folglich Chancen und Risiken.

Die Organisationsdiagnose soll systematisch die Stärken und Verbesserungsbereiche für QMU von Einrichtungen bzw. Akteuren der Umweltbildung und BNE mittels Selbstbewertungen ermitteln. Dazu werden alle qualitätsrelevanten Verfahren und Regelungen sowie Dokumente zusammen gestellt, um mithilfe dessen die Basis für die Organisationsdiagnose vorzubereiten (vgl. ebd., S. 16f.). Die Diagnose kann dann auf zwei Weisen erfolgen, je nachdem ob die Einrichtung erstmalig ein Qualitätsmanagementsystem aufbaut oder bereits in Ansätzen darüber verfügt: Bei Einrichtungen, die erstmalig ein Qualitätsmanagementsystem aufbauen und einführen möchten, sollten anhand von Leitfragen (hier Gestaltungskriterien) und Indikatoren (hier Ergebniskriterien) Anforderungen und Ansätze durch »umfassend erfüllt«, »überwiegend erfüllt« und weiteren Abstufungen bis hin zu »nicht erfüllt« bewertet werden (ebd., S. 17). Hierdurch sollen vor allem Verbesserungspotenziale identifiziert werden (vgl. ebd.). Für Einrichtungen, die bereits in Ansätzen über ein QM-System verfügen, wird die Nutzung des Bewertungsschemas »Lernen und Entwicklung« auf die Gestaltungskriterien wie folgt empfohlen. Diese beinhaltet eine Überprüfung hinsichtlich Quantität und Qualität. Besonders bei der Qualität wird eine fundierte Vorgehensweise verlangt, indem eine klare Begründung, die der Sache angemessen ist, vorliegt. Außerdem muss die Vorgehensweise auch eine integrative Dimension aufweisen, indem sie beispielsweise im Leitbild verankert ist. Die Vorgehensweisen müssen systematisch in allen Bereich umgesetzt und ihre Wirksamkeiten stetig überprüft als auch bewertet werden (vgl. ebd., S. 17). Nachzuweisen ist also eine Fundierung des Vorgehens, Ausrichtung auf Anspruchsgruppen, Integration und Zweckmäßigkeit, Umsetzung und Verbesserung (siehe dazu auch Bewertung der Gestaltungskriterien eins bis sechs). Die Nutzung des Bewertungsschema »Lernen und Entwicklung« bezogen auf die Ergebniskriterien wird bestimmt, indem untersucht wird, ob oder inwiefern Ergebnisse einen positiven Trend/gute Leistung über einen gewissen Zeitraum aufweisen, angemessene Ziele sind, Leistungen auf die Vorgehensweisen zurückzuführen sind usw. Nachzuweisen ist also eine positive Weiterentwicklung im Vergleich zum vorherigen Jahr, in dem Ziele erreicht wurden und das Vorgehen passend war (siehe dazu auch Bewertung der Ergebniskriterien sieben bis neun) (vgl. ebd., S. 18). Zusammenfassend ermittelt und analysiert die Organisationsdiagnose also Stärken und priorisierte Verbesserungspotenziale.

Das dritte Teilkriterium »Strategieentwicklung und -umsetzung« fasst die Ergebnisse der Umfeldanalyse und Organisationsdiagnose zusammen und legt gemeinsam mit dem Leitbild die Basis für eine Handlungsstrategie, die in den Prozessen umgesetzt wird (vgl. ebd., S. 26). Es sollen also Faktoren identifiziert werden, die »spielentscheidend« sind, strategische Ziele skizzieren, Kennzahlen für diese Ziele festlegen und Projekte sowie Maßnahmen beschreiben. »Die Strategieentwicklung ist ein kreativer Akt, bei dem – ausgehend von einer ganzheitlichen »Schau« der Lage – das Fernziel, die Etappenziele und die wesentlichen Maßnahmen benannt und zu einem ganzheitlichen Entwicklungsplan zusammengefügt werden.« (ebd., S. 18).

3.) Das dritte Hauptkriterium ist »Personal«. Von den Einrichtungen wird verlangt, dass sie die Potenziale ihrer Mitarbeitenden auf individueller, Team- und Organisationsebene fördern. Es gelten Maxime wie Partizipation, Chancengleichheit, Selbstständigkeit und Fairness. Gute Leitungen werden anerkannt und belohnt (vgl. ebd., S. 27). Das erste Teilkriterium verlangt eine auf das Leitbild und die Strategie abgestimmte Planung, Förderung und Entwicklung hinsichtlich des Personals. Alle Personen der Einrichtung verfügen über angemessene Qualifikationen, bilden sich regelmäßig weiter und sind sich darüber hinaus auch über die Qualitätsanforderungen in ihrer Arbeit bewusst. Sie tragen dadurch zum Erreichen der Ziele bei (vgl. ebd.). Die interne Kommunikation (zweites Teilkriterium) wird durch einen stetigen Austausch von Informationen und Erfahrungen der Arbeitsebenen gewährleistet. Alle Mitarbeitenden werden an Entscheidungen beteiligt. Die Vergütung (drittes Teilkriterium) des Personals ist leistungsgerecht und vertraglich geregelt (vgl. ebd.).

4.) Der vierte Qualitätsbereich sind die »Ressourcen«. Diese umfassen sowohl die Finanzen als auch die Ausstattung/Räumlichkeiten sowie das Wissensmanagement , welche auch die drei Teilbereiche darstellen (vgl. ebd.). Die finanziellen Ressourcen werden durch »...einrichtungs- bzw. dienstleistungsrelevante betriebswirtschaftliche Daten erhoben, analysiert, ausgewertet...« (ebd.) und finden bei der Kalkulation von Preisen und bei der Finanz- und Investitionsplanung Berücksichtigung. Die Räumlichkeiten und Ausstattung der Einrichtung betreffend, werden sowohl gesetzliche Vorschriften als auch versicherungsrelevante Anforderungen sowie betriebsökologische Aspekte beachtet (vgl. ebd.).

Wissen und Informationen werden in Form von Wissensmanagement identifiziert, erarbeitet und z.B. durch das Intranet bereitgestellt, um es anwenden zu können und ggf. weiterzuentwickeln (vgl. ebd.).

5.) »Externe Kommunikation und Kooperation« (ebd.) heißt das fünfte Hauptqualitätskriterium. Hier geht es um die »Zusammenarbeit mit Anspruchsgruppen«, die »Pflege der Zielgruppen« und die »Öffentlichkeitsarbeit« (ebd ., S. 27f.). Die Zusammenarbeit mit strategisch wichtigen Anspruchsgruppen, wie Auftraggeber/innen und -nehmer/innen als auch Partner/innen und anderen relevanten Personen(-gruppen) soll in Form von langfristig angelegten Kooperationsbeziehungen gestaltet und gepflegt werden. Um die Pflege angemessen zu gestalten, müssen deren Interessen und Erwartungen erfasst werden und in Entwicklungen und Planungen einbezogen werden. Auch Beschwerden sollten aufgegriffen und bewertet werden (vgl. ebd., S. 28).

Eine am Leitbild und an der Strategie ausgerichtete Öffentlichkeitsarbeit unterstützt die Kommunikation zu Anspruchsgruppen zusätzlich. Zielgruppenadäquate, kundenorientierte und aktuelle Informationen sollten durch verschiedene Medien veröffentlicht und rechtzeitig bekannt gegeben werden (vgl. ebd.).

6.) Das letzte der Gestaltungskriterien sind die »Dienstleitungsprozesse«, die sich in »Planung/Entwicklung der Dienstleistungen«, »Durchführung der Dienstleitungen« und »Evaluation der Dienstleistungen« (ebd.) unterteilen.

Die Planung einer Dienstleistung orientiert sich einerseits am Leitbild und der Strategie der Organisation, anderseits aber auch am Bedarf sowie den Interessen der Auftragnehmer/innen und -geber/innen. Im Bildungsbereich bedarf es eines didaktisch-methodischen Konzepts zur Entwicklung einer Dienstleistung, die sich an der Definition des gelungenen Lernens einer Einrichtung ausrichtet und zielgruppenspezifische Inhalte, Methodiken und Techniken sowie Ziele nutzt. Insbesondere die Methoden müssen interaktiv ausgerichtet, alltags-

und handlungsbezogen sein. Insgesamt müssen die Dienstleitungen auf dem aktuellsten wissenschaftlichen Erkenntnisstand sein (vgl. ebd.).

Die Durchführung der Dienstleistungen unterliegt dem geplanten pädagogischen Konzept und bezieht sich auf das geplante Vorgehen. Handreichungen und Materialien werden, sofern passend, Lernenden zur Verfügung gestellt. Anschließend werden Konzeptionen und vertragliche Regelungen abgelegt und archiviert, um erneut Zugriff darauf haben zu können oder um ggf. damit in den Austausch mit anderen Einrichtungen gehen zu können. Insgesamt werden alle Prozesse der Institutionen auf die Erbringung von Dienstleistungen, dem Kerngeschäft, abgestimmt (vgl. ebd.).

Evaluationen der erbrachten Dienstleistungen erfassen und bewerten die Zufriedenheit und den Lernerfolg der Auftragnehmer/innen. Diese Ergebnisse werden für das Fortschreiten und die Weiterentwicklung von Angeboten und Dienstleistung genutzt. Mithilfe von Dokumentationen werden diese Ergebnisse festgehalten und relevanten Personen(-gruppen) aus den Institutionen zugänglich gemacht. Insbesondere Verbesserungsvorschläge sollten systematisch aufgenommen, geprüft sowie zur weiteren Nutzung brauchbar gemacht werden. Die Verfahrensabläufe sollen so stetig optimiert werden (vgl. ebd., S. 29). Die Qualitätsanforderungen sieben bis neun zählen zu den Ergebniskriterien. Zur Bewertung dieser wird die Anforderung gestellt, dass ein positiver Trend/gute Leistung im Vergleich zum Vorjahr aufgezeigt werden muss. Außerdem muss deutlich gemacht werden, dass die angestrebten Ziele angemessen erreicht worden sind. Diese Ergebnisse müssen außerdem zeigen, dass sie auf das Vorgehen (Kriterien eins bis sechs) zurückzuführen sind und die jeweilig relevanten Bereiche einbeziehen (vgl. ebd., S. 14).

7.) Die »Zufriedenheit der Anspruchsgruppen« stellt den siebten Qualitätsbaustein dar und behandelt einerseits die »Zufriedenheit mit der Einrichtung/Image« und andererseits die »Zufriedenheit mit den Produkten und Dienstleistungen« (ebd., S. 29). In der »Zufriedenheit mit der Einrichtung/Image« wird die Einrichtung als Ganzes bewertet und erfährt gesellschaftliche Anerkennung über ihren Beitrag zur nachhaltigen regionalen Entwicklung. Ziel ist ein hohes Ansehen zu erlangen (vgl. ebd.). Die »Zufriedenheit mit den Produkten und Dienstleistungen« quittiert die angebotenen Produkte und Dienstleistungen durch Auftragnehmer, -geber und ggf. weiteren Partner/innen hinsichtlich der Inhalte, Methodiken und ihrer Abläufe. Ziel ist ebenfalls eine positive Beurteilung der Angebote (vgl. ebd.).

8.) Das achte und vorletzte Qualitätskriterium ist die »Mitarbeiterzufriedenheit« (ebd.). Hier werden die Arbeits- und Mitwirkungsmöglichkeiten durch die Angestellten gemessen und beurteilt. Eine hohe »Zufriedenheit mit der Einrichtung« sowie eine hohe »Zufriedenheit mit der persönlichen Arbeitssituation« (ebd.) benennen die Teilkriterien. Diese werden erreicht, wenn sich die Angestellten mit der Institution identifizieren und die sachlichen Arbeitsvoraussetzungen als positiv bewerten. Auch die Arbeitsbedingungen sollten die Mitarbeitenden zufrieden stellen, indem sie Anerkennung erfahren, einen angemessen Lohn erhalten und die Kultur der Organisation schätzen (vgl. ebd.).

9.) Die letzte Qualitätsanforderung sind die sog. »Kernergebnisse« (ebd.). Diese messen inwiefern die Ziele und Strategie im geplanten Zeitfenster erfolgreich umgesetzt wurden. Es wird zwischen finanziellen Ergebnissen, Lernergebnissen und innovativen Dienstleistungen unterschieden (vgl. ebd.). Die finanziellen Ergebnisse kennzeichnen die Erreichung der geplanten Umsatz- sowie Ertragsziele und quittieren die Liquidität. Die Lernergebnisse zeigen die Erreichung der angestrebten Bildungsziele an, indem die Definition des gelungenen Lernens und die Leitungsversprechen eingehalten wurden (vgl. ebd.). Innovative Dienstleistungen werden durch den Lebenszyklus im sog. »Produktmix« gemessen, geplant und entsprechend nachgefragt (vgl. ebd., S. 30).

Nicht explizit als Kriterium benannt, wird im QMU die Anwendung von Instrumenten des Projektmanagements bei den entsprechenden Bausteinen gefordert sowie ein jährliches Managementreview verlangt (vgl. ebd., S. 19). Alle drei Jahre wird sowohl eine systematische Überprüfung als auch eine Fortschreibung aller Bereich erwartet (vgl. ebd.).

Offizielles Dekade-Projekt: Für eine Erstauszeichnung von Projekten müssen zusammenfassend sieben Aspekte berücksichtigt und erfüllt werden.

1.) Als erstes muss das Projekt ein Verständnis von Nachhaltigkeit sowie Partizipation beinhalten und mindestens die Bereiche Ökologie, Ökonomie und Soziales thematisch behandeln, weitere Bereiche sind jedoch äußerst wünschenswert (vgl. DUK 2012, S. 16).

2.) Des Weiteren muss das Projekt einen innovativen Ansatz haben (vgl. ebd.).

3.) Zudem muss das Projekt modellhaft sein, so dass es auch von anderen Personen durchgeführt werden könnte (vgl. ebd.).

4.) Eine weitere Anforderung ist, dass das Projekt einen Bildungsanspruch haben muss und ein konkretes Ergebnis bzw. Produkt ersichtlich wird. In Verbindung dazu müssen die erwarteten positiven Effekte für eine nachhaltige Entwicklung dokumentiert werden (vgl. ebd.).

5.) Außerdem muss das Projekt einen mittel- oder langfristigen Charakter von mindestens zwei Jahren Dauer vorweisen und es muss die Planungsphase bereits überschritten haben (vgl. ebd.).

6.) Ebenso wird von den bewerbenden Akteuren ein überzeugender Internetauftritt erwartet, der deutlich macht, dass BNE im Fokus steht und skizziert welche BNE-Kompetenzen durch das Projekt erworben werden können (vgl. ebd.).

7.) Letztlich muss das Projekt mindestens eine regionale Reichweite haben (vgl. ebd.).

Für eine Wiederbewerbung muss eine deutliche Weiterentwickelung des Projektes deutlich gemacht werden. Bewerben sich Akteure zum dritten Mal oder noch häufiger um die Auszeichnung, muss BNE systematisch, umfangreich und dauerhaft in der Institution verankert sein (vgl. ebd., S. 15f.).

Die nachfolgende Tabelle soll zusammenfassend noch einmal einen vergleichenden Überblick über die einzelnen Haupt- und Teilqualitätsstandards der einzelnen Zertifizierungen ermöglichen:

NUN	**Umweltbildung Bayern**	**NUA**	**QMU**	**Offizielles Dekade Projekt**
Kriterien für Bildungspartner/innen der Stufen II und III	Kriterien für Einrichtungen	Kriterien für Einrichtungen	Kriterien für Umweltbildungszentren (UBZ)	Kriterien für Projekte
1. Leitbild (am wichtigsten) 1.1 Inhalte des LB 1.2 Erarbeitung und Umsetzung 2. Menschen (am wichtigsten) 2.1 Qualifizierung 2.2 Fortbildung 2.3 Austausch (mit Externen) 2.4 Kooperation 2.5 Vergütung 3. Bildungsangebot (am wichtigsten) 3.1 Pädagogisches Konzept 3.1.1 Querschnittsthema BNE 3.1.2 Kompetenzen im Sinne von BNE 3.1.3 Handlungsfelder der Nachhaltigkeit 3.1.4 Perspektivenvielfalt 3.1.5 Methodenvielfalt	1. Personalausstattung: -pädagogische Ausbildung - methodische und inhaltliche Fortbildung (vgl. StMUV 2015., S. 8) 2. Bildungsangebot: - pädagogisches Konzept (vgl. ebd., S. 9) - Dimensionen von Nachhaltigkeit (vgl. ebd., S. 10f.) - Projektbeschreibung mit BNE-Bezug - Beschreibung von Thema, Ziel, Zielgruppe, Maßnahmen, Methoden und drei Schlüsselkompetenzen für das Bildungsangebot (vgl. ebd.,S. 11f.) -Themen und Inhalte mit BNE-Bezug (vgl. ebd.)	1. Leitbild 2. pädagogisches Konzept 3. Menschen 4. Öffentlichkeitsarbeit 5. Organisationsstruktur 6. Infrastruktur 7. Kontinuität 8. Finanzierung (vgl. NUA 2015, S. 11-15)	1. Führung (GK) 1.1 Leitbild 1.2 Management der Bildungsstätte 1.3 Zusammenarbeit mit Anspruchsgruppen 2. Strategie (GK) 2.1 Markt-/Umfeldanalyse 2.2 Organisationsdiagnose 2.3 Strategieentwicklung und -umsetzung (vgl. LANU, S. 26) 3. Personal (GK) 3.1 »Personalplanung, förderung und -entwicklung« 3.2 »Interne Kommunikation und Kooperation« (vgl. ebd., S. 27) 3.3 Vergütung	1. Projekt muss ein Verständnis von Nachhaltigkeit sowie Partizipation beinhalten und mindestens die Bereiche Ökologie, Ökonomie und Soziales behandeln, weitere sind wünschenswert. 2. Projekt hat einen innovativen Ansatz. 3. Projekt ist modellhaft, kann also auch von anderen Personen durchgeführt werden. 4. Projekt muss einen Bildungsanspruch haben und ein konkretes Ergebnis/Produkt. Außerdem müssen die erwarteten positiven Effekte für nachhaltige Entwicklung beschrieben werden.

Fortsetzung nächste Seite

NUN	**Umweltbildung Bayern**	**NUA**	**QMU**	**Offizielles Dekade Projekt**
Kriterien für Bildungspartner/innen der Stufen II und III	Kriterien für Einrichtungen	Kriterien für Einrichtungen	Kriterien für Umweltbildungszentren (UBZ)	Kriterien für Projekte
3.1.6 Vor- und Nachbereitung 3.2 Multiplikatorenfortbildung (nur Stufe III) 4. Öffentlichkeitsarbeit - Bildungsangebote für Multiplikatoren/innen als Zusätzliches für Bildungszentren (Stufe III) 5. Organisationsstruktur (von der Stufe und Größe abhängig) 5.1 Verantwortlichkeit 5.2 Interne Kommunikation 5.3 Personalführung und -entwicklung 5.4 Evaluation 6. Infrastruktur 6.1 ökologisches und sozial verträgliches Wirtschaften 6.2 Räumlichkeiten und Ausstattung (nur Stufe II und III)	3.Kooperationspartner/innen: - Kooperationspartner/innen (vgl. ebd., S. 13) - Netzwerk (vgl. ebd.) 4. Öffentlichkeitsarbeit 5. Kontinuierliche Reflexion/Evaluation (vgl. ebd., S. 15)		4. Ressourcen 4.1 Finanzielle Ressourcen 4.2 Ausstattung und Räumlichkeiten 4.3 Wissensmanagement (vgl. ebd.) 5. »Externe Kommunikation und Kooperation« (GK) (ebd.) 5.1 Zusammenarbeit mit Anspruchsgruppen 5.2 Pflege der Zielgruppen 5.3 Öffentlichkeitsarbeit 6. Dienstleitungsprozesse (GK) 6.1 »Planung/Entwicklung der Dienstleistungen« (ebd. S. 28) 6.2 Durchführung der Dienstleitungen (vgl. ebd.)	5. Projekt hat einen mittel- oder langfristigen Charakter von mindestens zwei Jahren Dauer und hat die Planungsphase bereits überschritten. 6. Überzeugender Internetauftritt der deutlich macht, dass BNE im Fokus steht und welche BNE-Kompetenzen durch das Projekt erworben werden können. 7. Projekt muss mindestens eine regionale Reichweite haben. (vgl. DUK 2012, S. 12ff.)

Fortsetzung nächste Seite

NUN	**Umweltbildung Bayern**	**NUA**	**QMU**	**Offizielles Dekade Projekt**
Kriterien für Bildungspartner/innen der Stufen II und III	Kriterien für Einrichtungen	Kriterien für Einrichtungen	Kriterien für Umweltbildungszentren (UBZ)	Kriterien für Projekte
6.2.1 Verpflegung 6.2.2 Anreise 6.2.3 Unterbringung (vgl. NUN 2013)			6.3 Evaluation der Dienstleistungen 7. Zufriedenheit der Anspruchsgruppen (EK) 7.1 Zufriedenheit mit der Einrichtung/Image 7.2 Zufriedenheit mit den Produkten und Dienstleistungen 8. Mitarbeiterzufriedenheit (EK) 8.1 Zufriedenheit mit der Einrichtung 8.2 Zufriedenheit mit der persönlichen Arbeitssituation 9. Kernergebnisse (EK) 9.1 Finanzielle Ergebnisse 9.2 Lernergebnisse 9.3 Innovative Dienstleistungen	

Tabelle 1: Vergleichender Überblick der Qualitätskriterien und -standards der ausgewählten Zertifizierungssysteme

3.14 Zusammenfassender Überblick über die untersuchten Qualitätsauszeichnungen und -siegel

Insgesamt zertifizieren und fokussieren die ausgewählten Auszeichnungen mehrheitlich BNE, außer QMU, das eher Verfahren und Qualitätsprozesse fokussiert. Die Bildung für nachhaltige Entwicklung spielt eine übergeordnete Rolle in der Zertifizierung, nachhaltige Infrastrukturen und nachhaltige Arbeitsbedingungen sind allerdings nur teilweise in den Qualitätsanforderungen verankert.

Mit Blick auf die Diskussion um eine bundesweite Zertifizierung kann festgehalten werden, dass inhaltliche Ähnlichkeiten und Gemeinsamkeiten der länderspezifischen Auszeichnungen bestehen, die eine geeignete Basis für ein solches Vorhaben bieten könnten. Die beschriebenen Qualitätskriterien von NUN, Umweltbildung Bayern und NUA weisen insgesamt viele Ähnlichkeiten auf, obwohl sie an verschiedenen Stellen unterschiedlich intensiv in den Handreichungen definiert wurden. Blucha (2009) erklärt dazu auch, dass NUN und Umweltbildung Bayern das Einstiegsniveau und die Kosten zur Zertifizierung bewusst niedrig gehalten hätten, um interessierte Akteure der Umweltbildung und BNE nicht abzuschrecken oder auszuschließen (vgl. Blucha 2009, S. 322).

QMU orientiert sich als einziges Modell stark an EFQM und LQW und weicht daher von den Kriterien stärker ab und wirkt im Vergleich sehr aufwendig und teuer. Im Gegenteil dazu steht wiederum die Auszeichnung zum Offiziellen Dekade-Projekt, die ebenfalls BNE und BNE-Dimensionen zertifiziert, dessen Anforderungsniveau aber am niedrigsten erscheint und daher unserer Meinung nach auch nicht als Zertifizierung für Qualität bezeichnet werden kann. Trotzdem hat gerade diese Auszeichnung die größte Reichweite und 1.500 Projekte mit BNE-Bezügen. Die nachfolgende Tabelle soll abschließend einen knappen vergleichenden Überblick darüber geben, inwiefern die verschiedenen Kriterien beim Zertifizierungsprozess der einzelnen Auszeichnungen und Siegel abgefragt werden und ob sie im jeweiligen Verfahren eine Rolle spielen:

Kriterien / Zertifizierung	NUN	Umweltbildung Bayern	NUA	QMU	Offizielles Dekade-Projekt
Nachhaltigkeitsbezug	X	X	X	-	X
Leitbild/Profil/Zieleland-schaft	X	X	X	X	-
Menschen/Personalaus-stattung	X	X	X	X	-
Bildungsangebot/pädago-gisches Konzept	X	X	X	X	X
Öffentlichkeitsarbeit/Ko-operationen	X	X	X	X	X
Organisationsstrukturen	X	-	X	X	-
Infrastruktur/Ausstattung	X	-	X	X	-
Nutzung von Evaluatio-nen/Reflexionen	X	X	-	X	-
Kontinuität	-	-	X	X	X
Finanzierung(-skonzepte)	-	-	X	X	-

Legende: X= vorhandenen/wird abgefragt bzw. gefordert, - = nicht vorhanden/wird nicht abgefragt bzw. gefordert

Tabelle 2: spezifische Anforderungen der fünf Qualitätszertifikate/-bzw. Siegel

Insgesamt quittieren die Zertifizierungen hauptsächlich die Qualität der Organisation und ihre (Rahmen-)Bedingungen für Bildung. Sie können daher eher in das Paradigma »Qualität als Kunst« (vgl. Kusel 2010, S. 9) eingeordnet werden, indem die Zertifizierungen auch dazu anregen sollen, selbstreflektierend zu sein. Dazu gehören auch Evaluationen, die als wichtiges und traditionelles Instrument der prozesshaften Qualitätsentwicklung gelten (vgl. Hartz, Meisel 2004, S. 23). Evaluationen als Qualitätskriterien könnten allerdings noch stärker in die bestehenden Zertifizierungen der Umweltbildung und BNE eingebunden werden, um die zukünftige Gestaltung von Bildungsangeboten sowie die dazugehörigen Prozesse und Ergebnisse besser verstehen und bewerten zu können, als auch Anstöße zur Professionalisierung in der außerschulischen Umweltbildung und BNE zu liefern.

Insgesamt kann also festgehalten werden, dass durch die bestehenden Zertifizierungen und Auszeichnungen eine Diskussion zu Qualitätsanforderungen und -entwicklungen angestoßen werden konnte, die Potenziale zur Professionalisierung und Optimierung der institutionellen Rahmenbedingungen von außerschulischen Umweltbildung und BNE und letztlich zur Qualität von Bildung bietet. Auf dieser Grundlage sollten weitere Anregungen für die zukünftige organisations- und professionsbezogene Gestaltung von Qualität in der Umweltbildung und BNE erörtert werden.

4 Empirische Erkenntnisse

In unserer eigenen wissenschaftlichen Untersuchung, die im Rahmen einer Masterarbeit innerhalb dieses Forschungsprojektes im Jahr 2015 und 2016 angelegt war, konnten weitere neue Erkenntnisse zu Zertifizierungen und Qualitätsstandards im Bereich der außerschulischen Umweltbildung und BNE gewonnen werden.

4.1 Forschungsdesign und Methodisches Vorgehen

Als Forschungsdesign der Untersuchung wurde eine Triangulation aus qualitativer und quantitativer Forschung eingesetzt, es handelt sich daher um eine sog. »methodologische Triangulation« (Denzin 1989, S. 237-241 zit. n. Flick 2012, S. 519), in der zwei verschiedene Methoden (»between-method«) verknüpft zum Einsatz kommen (ebd.): Mehrere Fallstudien mit sogenannten Experteninterviews, Betriebsbegehungen sowie eine bundesweite Onlinebefragung mittels eines digitalen Fragebogens. Die Stichprobe der qualitativen Forschung umfasste nur Leitungspersonen von Einrichtungen, die im Bereich der außerschulischen Umweltbildung und BNE angesiedelt sind. Für die Interviews wurden fünf aktuelle Leitungspersonen befragt, die sich in vier Fälle bzw. auf vier Einrichtungen verteilten. Die Interviews wurden mithilfe eines selbst entwickelten teilstandardisierten Leitfadens durchgeführt, der durch bestehende Literaturinhalte und Gedanken und Reflexionen aus Gesprächskreisen des Forschungsteams erarbeitet wurde. Die transkribierten Interviewinhalte wurden anschließend durch die spezifische Analyse des thematisches Kodierens ausgewertet, bei dem die einzelnen Fälle durch erste Kurzbeschreibungen zunächst näher fokussiert wurden (vgl. Flick 2012, S. 402). Im nächsten Schritt wurde in Anlehnung an den Interviewleitfaden ein Kategoriensystem entwickelt, um die Textelemente Kategorien zu zuordnen, um eine thematische Struktur entstehen zu lassen, mit der alle Fälle analysiert, gleichzeitig aber auch verglichen werden konnten (vgl. ebd., S. 404). Das Ergebnis ist eine fallübergreifende Darstellung der Perspektiven, eine Auseinandersetzung mit Prozessen und eine Zusammenfassung der Leitthemen (vgl. ebd., S. 405).

Der Teil der quantitativen Untersuchung sollte vor allem dazu dienen, relevante Verteilungen und Häufigkeiten über die ganze Stichprobe hinweg zu analysieren, um die Ergebnisse in der Gesamtauswertung dann aufeinander beziehen zu können und miteinander zu vergleichen. Für unsere Befragung wurden in Zusammenarbeit mit der ANU bundesweit Adressen von Mail-Verteilern und Kontaktdaten von Akteuren der außerschulischen Umweltbildung und BNE gesammelt und per Mail kontaktiert, um sie auf die Teilnahme an der Befragung aufmerksam zu machen. So wurden rund 846 Einrichtungen oder Bildungsabteilungen der außerschulischen Umweltbildung und BNE sowie 750 Einzelpersonen angeschrieben. Der Fragebogen bestand aus mehreren Themenbereichen, die gemeinsam im Forschungsteam und in Zusammenarbeit mit den Kooperationspartner/innen sowie durch bestehende Literaturinhalte z.B. von Michelsen et al. (2013), Giesel, de Haan und Rode (2002), Kusel (2010), Blucha (2009) und durch Informationen von der Homepage der ANU (2015), erarbeitet wurden. Der Rücklauf der digitalisierten schriftlichen Befragung und somit auch der Stichprobenumfang umfasste insgesamt 388 Personen, von diesen waren 191 Leitungspersonen. Die Fragen für den Themenbereich »Zertifizierungen und Qualitätsstandards« konnten nur von Leitungspersonen beantwortet werden. Diese Fragen wurden unterschiedlich stark beantwortet, jedoch von mindestens 84 und von maximal 143 Personen.

Die Auszählung dieser Daten beruht auf den Arbeiten des ITB's der Universität Bremen und stammte aus einem internen Dokument. Die Auswertung der relevanten Fragen erfolgte eher variablenorientiert, indem die Angaben und Zahlen aus der Onlinebefragung »[...] in aggregierter Form als Verteilungen und [ggf. – J.L.] Lageparameter [...]« (Kuckartz et al. 2009, S. 66f.) ausgewertet werden. Außerdem sollten Häufigkeiten herausgestellt werden.

4.2 Die Ergebnisse der qualitativen Erhebung

Im Fall eins handelt es sich um einen Jugendverband der Bildungsangebote für (junge) Erwachsene organisiert. Die Einrichtung hat eine länderspezifische, BNE-orientierte Zertifizierung erworben und orientiert sich außerdem an den Qualitätskriterien von Kooperationspartner/innen.

Der Erwerb und die Orientierung an Qualitätssiegeln werden durch unterschiedliche Aspekte begründet: Die interviewte Person habe zum einen an der Entwicklung von Zertifikaten mitgewirkt, zum anderen würde es aber auch als wichtig empfunden werden, sich an bestehende Qualitätskriterien anzupassen und diese möglichst einzuhalten. Außerdem seien Kooperationspartner/innen dieser Einrichtung ebenfalls zertifiziert.

Bei dem zweiten Fall handelt es sich um eine Umweltbildungseinrichtung. Die Einrichtung kann ebenfalls eine länderspezifische und an BNE orientierte Zertifizierung nachweisen. Außerdem wurden einzelne Projekte und die gesamte Einrichtung mehrmals als »Offizielles Dekade-Projekt« ausgezeichnet.

Der Erwerb und die Orientierung an qualitätsquittierenden Auszeichnungen wird von den Befragten darin begründet, dass es notwendig und wichtig sei, um Gelder und Fördermittel von Geldgeber/innen zu erlangen. Darüber hinaus wären auch diese befragten Personen an der Entwicklung und Qualifizierung der länderspezifischen Zertifizierung beteiligt gewesen, so dass daher ein starkes persönliches als auch inhaltliches Interesse am Prozess bestünde.

Die Einrichtung im dritten Fall ist ebenfalls eine Umweltbildungseinrichtung. Diese kann zwei Zertifizierungen nachweisen: Zum einen die bundesweite Auszeichnung als »Offizielles Dekade-Projekt« und zum anderen eine länderspezifische, BNE-zertifizierende Zertifizierung. Darüber hinaus wurde im Interview erklärt, dass sich die Einrichtung an eigenen entwickelten Qualitätskriterien für ihre Arbeit orientiere, die auch für Zusammenarbeit mit Netzwerkgruppen gelten und evaluiert würden.

Die Motivation für die Auseinandersetzung und der Erwerb mit und von Qualitätsstandards und Zertifizierungen, so die befragte Person, liege in der Außendarstellung, dem Einfluss durch Netzwerke, Kooperationen mit der ANU und um entsprechende Projekte zu verwirklichen.

Im vierten und letzten Fall handelt es um eine Einrichtung mit naturkundlicher und biologischer Themenausrichtung. Die Einrichtung hat keine allgemeinen oder BNE-orientierten Zertifizierungen und Qualitätssiegel erworben. Die befragte Person erklärt hierzu, dass das Zentrum sich an den Richtlinien und Curricula der Länder für Schulen orientiere und anpasse. Außerdem würden eigene Maßstäbe bezüglich der Methoden usw. entwickelt worden sein. Zertifizierungen würden hier insgesamt als unnötig betrachtet werden, da, bedingt durch die Qualifikation der Angestellten, ein Mindestmaß an Wissen, Qualifikation und Qualität vorausgesetzt werde.

Insgesamt und fallübergreifend konnten folgende Faktoren in der Mehrheit der Fälle als Motivation und Volition im Rahmen von Auszeichnungs- und Zertifizierungsprozessen zusammengefasst werden:

- inhaltliche und persönliche Verbindung und Interesse am Thema,
- Orientierungen an Kooperationspartner/innen und Forderungen durch Geldgeber/innen,

- Darstellungen von Qualität für Außenstehende,
- thematische Ausrichtung der Einrichtung an BNE und
- Einfluss und Engagement der ANU.

Zu der Orientierung an weiteren Zertifizierungen, Auszeichnungen und Qualitätsstandards konnte folgendes fallübergreifend festgestellt werden: Neben den offiziell geführten Auszeichnungen bestehen zusätzliche Orientierungen an Arbeits- und Qualitätskriterien, die entweder selbst entwickelt wurden, jedoch weitestgehend unbekannt bleiben bzw. nicht benannt wurden oder durch Dritte entwickelt wurden. Diese könnten vor allem dazu dienen, eine gemeinsame Basis für Kooperationen mit Dritten zu schaffen.

Als Kritik an Zertifizierungen und Auszeichnungen kann fallübergreifend folgendes hervorgehoben werden: Es bilden sich Chancen und Risiken heraus, die im Zusammenhang mit Zertifizierungen bestehen. Sie bieten eine Möglichkeit zur Reflektion und Weiterentwicklung der Einrichtung und zur Vernetzung. Außerdem sind sie eine Orientierungshilfe sowohl innerhalb einer Einrichtung als auch für Bezugsgruppen. So können sie Qualität transparent machen.

Allerdings erfordert der Erwerb von Zertifizierungen auch personelle und finanzielle Kapazitäten, die in der Branche der außerschulischen Umweltbildung, z.B. nach Aussagen von B2 gering seien:

»Die Kapazitäten sind gering, die wir haben und dann mache ich lieber Bildungsarbeit als Zertifikate zu erlangen und ich würde mir keinen ausführlicheren Qualitätsmanagementprozess wünschen, der dann irgendwelchen Standards genügen muss...« (Code-Nr.: 02, Z.302-305).

Es scheint also schwieriger zu sein umfangreiche und teure Zertifizierungen, wie EMAS, EFQM, LQW usw. zu erlangen.

Als negativ wird die Reduktion von Vielfalt und Authentizität in der Branche durch Zertifizierungen gesehen. Gleichzeitig besteht eine Skepsis, inwiefern Zertifikate Qualität tatsächlich ausdrücken oder ob sie z.B. nur für Marketingaspekte (aus-)genutzt werden. Durch die Fälle wird außerdem deutlich, welche Auswirkungen die UN-Dekade und ihre Förderpolitik hatten und noch haben. Die Befragten berichten von einer überwiegend starken Beeinflussung, die sich durch verschiedene Bereiche zieht: Orientierung und Nutzung von Jahresthemen zur gegenwärtigen und zukünftigen Angebots- und Projektentwicklung, von speziell angelegten Fördermitteln profitieren, Weiterentwicklungen von Leitbildern, Entwicklung von Gegenständen und Qualitätskriterien im Rahmen von Zertifizierungen und eine insgesamt gesteigerte Bekanntheit von BNE. Die

Förderpolitik hat mit ihren Richtlinien und Maßnahmen die »Institutionalisierung der Bildung für nachhaltige Entwicklung (BNE)« (Kandler, Tippelt 2011, S. 708) zumindest im Rahmen dieser Fallstudien positiv beeinflusst und durch den politischen Rückhalt, insbesondere durch Fördergelder, gefördert.

4.3 Die Ergebnisse der quantitativen Erhebung

Im nachfolgenden werden hier die gestellten Fragen aus dem Onlinefragebogen dargestellt und die Verteilung der Antworten skizziert. In der ersten Frage des hier relevanten Themenbereiches wurde danach gefragt, ob Qualitätsstandards und Zertifizierungen der außerschulischen Umweltbildung bekannt sind. 143 Personen haben hier geantwortet. Davon sagten 74,8 Prozent (107 Personen) »Ja«, 17,5 Prozent (25 Personen) »Nein« und 7,7% (11 Personen) haben dazu keine Angabe gemacht (siehe Abbildung 1).

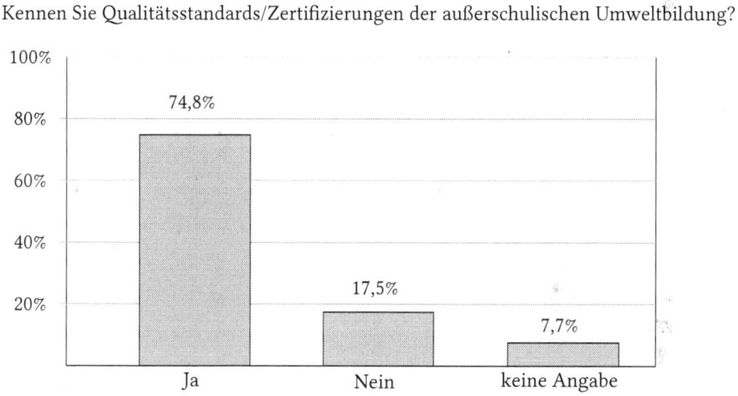

Abbildung 1: Allgemeine Bekanntheit von Qualitätsstandards/Zertifizierungen (n=143)

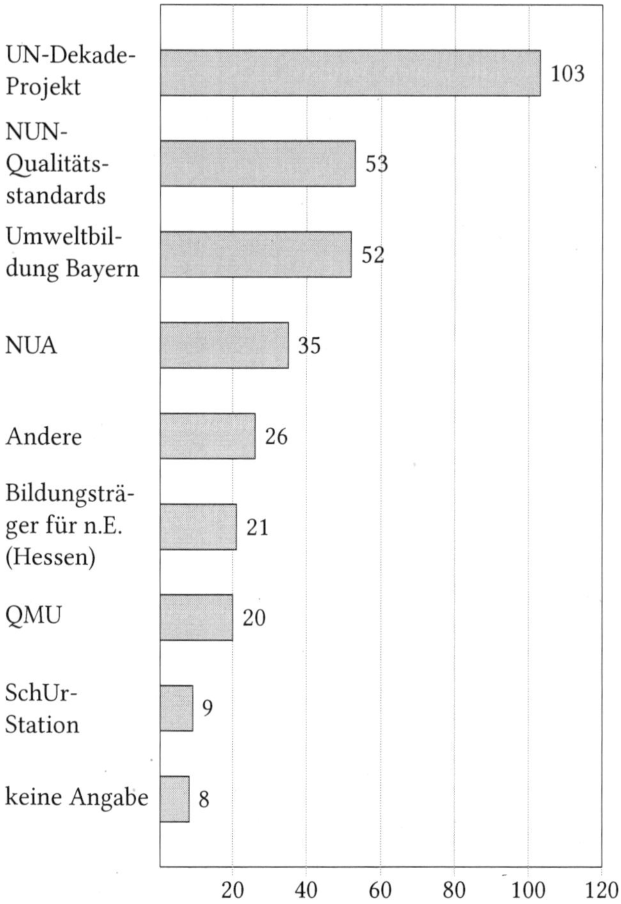

Abbildung 2: Welche Qualitätsstandards/Zertifizierungen der außerschulischen Umweltbildung kennen Sie? (nach Anzahl der Befragten, n= 135)

Daran anschließend folgt die Frage, welche Qualitätsstandards und Zertifizierungen aus der Branche der außerschulischen Umweltbildung und BNE bekannt sind (siehe Abbildung 2). Bei dieser Frage war eine Mehrfachauswahl möglich, so dass die Befragten nicht nur eine, sondern mehrere Antworten auswählen konnten. Geantwortet haben hier insgesamt 135 Personen, wovon die meisten eine, zwei oder drei Antworten angeklickt haben. Das »UN-Dekade-Projekt« ist die bekannteste Auszeichnung mit einer Anzahl von 103 »Klicks«. Fast gleich auf liegen das NUN-Zertifikat mit 53 »Klicks« und »Umweltbildung

Bayern« mit 52 »Klicks«. 35 Mal wurde die Zertifizierung nach NUA und 26 Mal wurde »Andere« ausgewählt. Mit rund 20 »Klicks« folgen das Zertifikat als »Bildungsträger für nachhaltige Entwicklung« des Landes Hessen und QMU. Neunmal wurde für die Auszeichnung als »SchUr-Station« abgestimmt, achtmal wurde keine Angabe ausgewählt.

In der dritten Frage in diesem Themenblock sollte erfasst werden, ob sich die Befragten in ihrer Arbeit an diesen, zuvor genannten Zertifizierungen orientieren. 137 Personen haben diese Frage beantwortet: 61,3 Prozent (84 Befragte) und somit mehr als die Hälfte, orientieren sich in ihrer Arbeit an diesen Zertifikaten, 24,1 Prozent (33 Befragte) orientieren sich nicht daran und 14,6 Prozent (20 Befragte) haben hier keine Angabe gemacht.

Um herauszufinden, an welchen Qualitätsstandards und Zertifizierungen sich die Befragten genau orientieren, sollten in der nächsten Frage die Personen, die zuvor mit »Ja« geantwortet haben, angeben, an welchen der hier aufgeführten Zertifizierungen sie sich genau orientieren. Auch hier konnten die Teilnehmer/innen der Onlinebefragung eine oder mehrere Antworten auswählen. Insgesamt haben hier alle 84 wieder geantwortet. Mehrheitlich orientieren sich die Befragten an den Kriterien der Auszeichnung »UN-Dekade-Projekt«. Danach folgt das Qualitätssiegel »Umweltbildung Bayern« und das NUN-Zertifikat mit einer Anzahl von 29 und 25. 17 Mal wurde die Kategorie »Andere« angeklickt. Die Auszeichnungen von Hessen und NRW liegen knapp nacheinander an fünfter und sechster Stelle. Mit jeweils sechs »Klicks« wurden »SchUr-Station« und QMU ausgesucht (siehe Abbildung 3).

Bei der Frage ob die jeweilige Einrichtung zertifiziert ist, haben 141 Befragte geantwortet. Von diesen haben sowohl 69 (48,9 Prozent) befragte Personen, mit ja als auch 69 befragte Person mit nein geantwortet. Lediglich drei Befragte und somit 2,1 Prozent haben hier keine Angabe gemacht (siehe Abbildung 4).

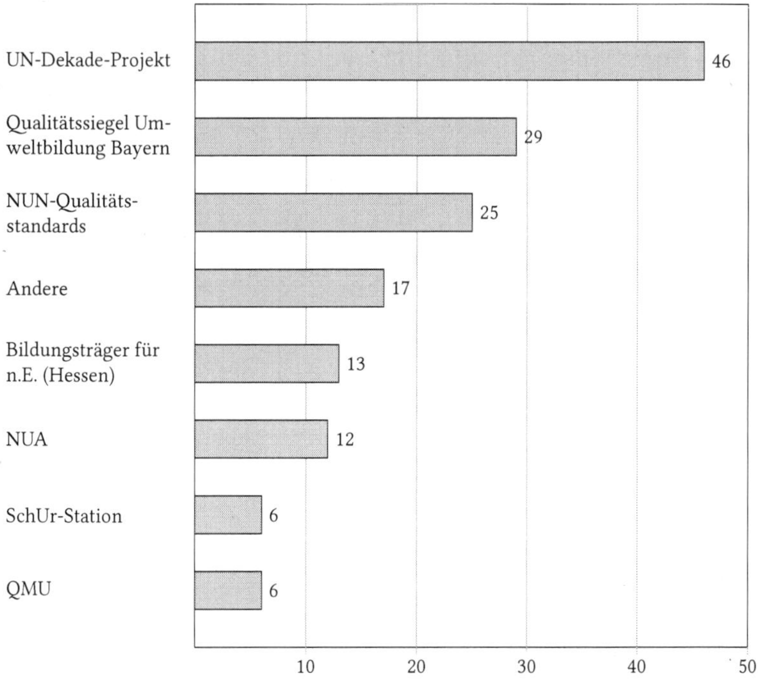

Abbildung 3: Orientierung an spezifischen Zertifizierungen (nach Anzahl der Befragten, n=84)

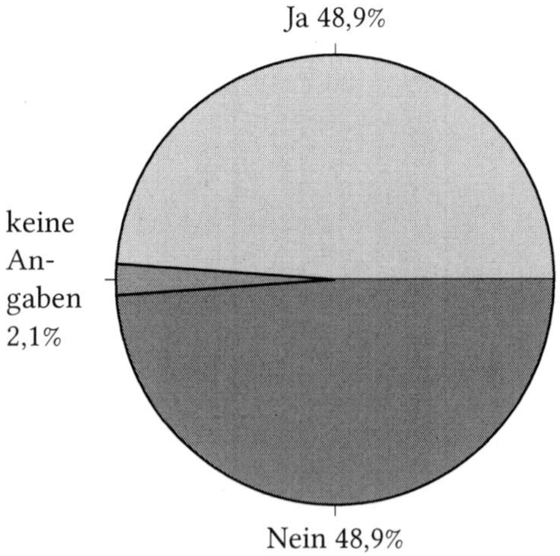

Abbildung. 4: allgemeine Zertifizierung der jeweiligen Einrichtung (n=141)

Um herauszufinden, nach welchen Qualitätsstandards und Zertifizierungen die Einrichtungen genau zertifiziert sind, konnten die Befragten bei der darauf folgenden Frage anklicken, welche Zertifizierungen für ihre Einrichtungen vorliegen. Obwohl die Frage so formuliert war, dass nur die befragten Personen, die zuvor mit »Ja« geantwortet hatten, hier ihre Zertifizierung angegeben sollten, umfasst der Stichprobenumfang hier 102 Teilnehmer/innen (siehe Abbildung 5).

Die Auszeichnung als »UN-Dekade-Projekt« ist die am häufigsten vorliegende Zertifizierung mit 30,4 Prozent, danach folgt das Qualitätssiegel »Umweltbildung Bayern« mit 28,4 Prozent. Mit 15,7 Prozent liegt an dritter Stelle die Kategorie »Andere«. 12,7 Prozent haben die NUN-Zertifizierung, 4,9 Prozent sind »Bildungsträger für nachhaltige Entwicklung« des Landes Hessen, 3,9 Prozent haben »SchUr-Station« und jeweils 2,0 Prozent haben eine Zertifizierung nach QMU und NUA.

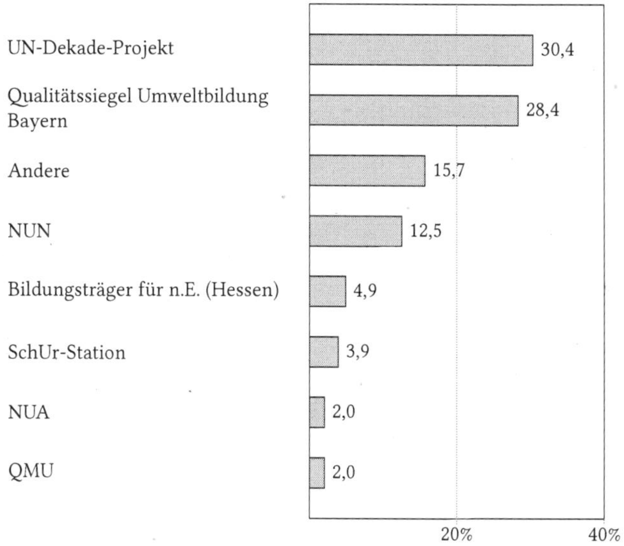

Abbildung 5: spezifische Zertifizierung der jeweiligen Einrichtung (in Prozent, n=102)

Da neben den Qualitätssiegeln und Zertifizierungen aus dem Bereich der außerschulischen Umweltbildung und BNE noch zahlreiche weitere Zertifizierungen für Einrichtungen der (Weiter-) Bildung, aber auch für Institutionen und Unternehmen anderer Branchen bestehen, sollte mit der nächsten Frage, die Möglichkeit einer Antwort gegeben werden, ob die Befragten sich (auch) an diesen orientieren (siehe Abbildung 6).

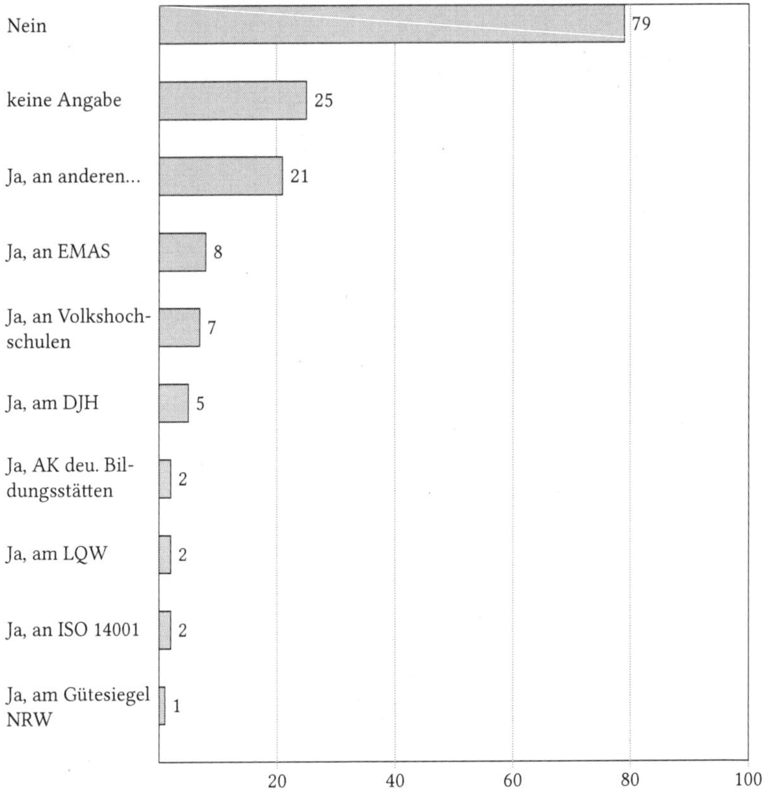

Abbildung 6: Orientierung an Qualitätsstandards benachbarter Verbände bzw. an allgemeinen Standards (nach Anzahl der Befragten, n=138)

Bei dieser Frage war eine Mehrfachauswahl möglich. 138 haben hier geantwortet. Die meisten von ihnen haben aber nur eine Antwort abgegeben. Die häufigste ausgewählte Antwort ist »Nein« (79 mal). 25 Mal wurde »keine Angabe« angeklickt. 21 Mal wurde »Ja, an anderen...« ausgewählt. Hier bestand für die Befragten zusätzlich die Möglichkeit, weitere Zertifizierungen, Auszeichnungen oder ähnliches zu benennen, an denen sie sich orientieren. Diese können grob in zwei Bereiche unterteilt werden. Der erste Bereich umfasst die explizite Nennung von Zertifizierungen, Auszeichnungen und Siegel sowie Aktionen, Initiativen, Verbänden oder Zusammenschlüssen. Folgende wurden hier im offenen Antwortformat benannt: »QMJ«/»Sicher gut« (dreimal benannt), »GUT DRAUF« (zweimal benannt), »ServiceQualität Deutschland«/»Q-Zertifizierung« (zweimal benannt), »Qualitätsoffensive Umweltbildung DWV«,

»Viabono«, Landesverband für Kinder- und Jugendreisen Berlin-Brandenburg e.V., Lernort Natur des Landesjagdverbandes, UNESCO-Biosphärenreservate, »VENRO« – Globales Lernen, Weltladendachverband, Zweckverband und »Biologische Vielfalt«. Speziell die ersten vier können als Instrumente der Qualitätsentwicklung bezeichnet werden. Der zweite Bereich umfasst eher einen Orientierungsrahmen, der durch Dritte (z.B. Kooperationspartner/innen, Klientel u.w.) beeinflusst wird. So haben die Befragten angegeben, dass sie sich an anderen Umweltbildungseinrichtungen oder -zentren orientieren, an Schullandheimen, an Nationalpark-Partner/innen, an den Lehrplänen der Schulen und an (»eigenen«) Zertifizierungen des Dachverbandes sowie den Ergebnissen von Befragungen, die mit Teilnehmer/innen durchgeführt wurden.

Achtmal wurde EMAS angeklickt, welches für seine Bezüge zur Nachhaltigkeit von Organisationen bekannt ist. Siebenmal wurde die Orientierung an Qualitätsstandards von Volkshochschulen ausgewählt und fünfmal die Orientierung an Standards vom Deutschen Jugendherbergswerk (DJH). Die Orientierungen an anderen Zertifizierungen und Qualitätsstandards, wie z.B. LQW oder ISO sind sehr gering (siehe Abbildung 6).

In der letzten Frage dieses Themenblocks stellten wir die Frage, ob die Teilnehmer/innen der Onlinebefragung auch nach den Qualitätsstandards von Volkshochschulen, DJH, dem Gütesiegel NRW, LQW oder EMAS zertifiziert sind. Außerdem konnten die Befragten »Meine Einrichtung ist nach keinem der obigen Standards zertifiziert« oder »Keine Angabe« anklicken. Auch hier war eine Mehrfachauswahl möglich.

Es haben 103 Personen teilgenommen. 70 Mal und damit überwiegend, wurde angeklickt, dass die Einrichtung nicht nach einer dieser Zertifizierungen zertifiziert ist. 22 Mal wurde »keine Angabe« ausgewählt. Mit jeweils drei »Klicks« wurde für die Qualitätsstandards von Volkshochschulen, dem DJH und EMAS abgestimmt. Jeweils nur eine befragte Person hat bestätigt, dass ihre Einrichtung nach dem Gütesiegelverbund NRW und LQW zertifiziert ist (siehe Abbildung 7).

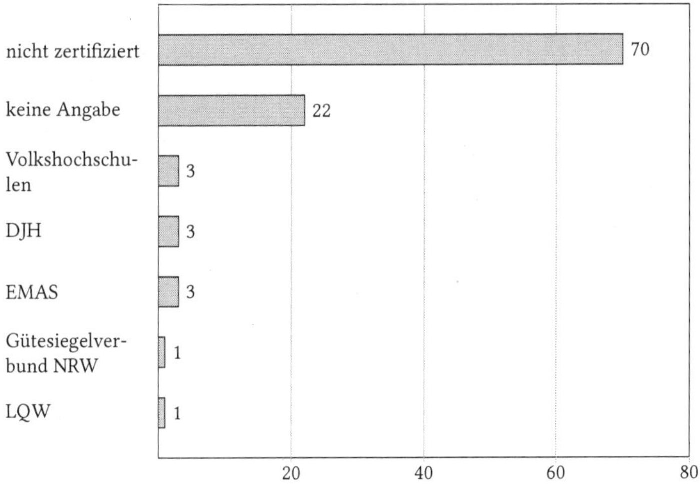

Abbildung 7: weitere spezifische Zertifizierungen der Umweltbildungseinrichtungen (nach Anzahl der Befragten, n= 103)

Da es evtl. einen Zusammenhang zwischen der Größe der Einrichtung und der Zertifizierung einer Einrichtung geben könnte, haben wir in folgender Kreuztabelle die Einrichtungen aufgeführt, die sowohl die Frage nach der Größe der Einrichtung, als auch die Frage, ob die Einrichtung zertifiziert ist, beantwortet haben. Die Größe wurde anhand der hauptamtlichen Mitarbeiter/innen gemessen. Es gab auch die Wahlmöglichkeit »Keine Angabe« vorzunehmen. Somit sind alle Antworten gültig.

Da in den Kategorien »Einrichtung über fünf hauptamtliche Mitarbeiter/innen«, »Einrichtung bis fünf hauptamtliche Mitarbeiter/innen« und »Einzelpersonen« verschieden viele Personen bzw. Einrichtungen geantwortet haben, können wir nur Tendenzen aufzeigen und keinen direkten Vergleich darstellen.

Man kann erkennen, dass sowohl die Mehrheit in der Kategorie »Einrichtung über fünf hauptamtliche Mitarbeiter/innen«, als auch in der Kategorie »Einrichtung bis fünf hauptamtliche Mitarbeiter/innen« angegeben haben, dass sie zertifiziert sind. In der Kategorie der Einzelpersonen haben mehr Personen angegeben, dass sie nicht zertifiziert sind.

Vergleicht man innerhalb der Kategorien die prozentuale Verteilung, kann man ablesen, dass die Kategorien mit mehr hauptamtlichen Mitarbeiter/innen prozentual häufiger »Ja« angegeben haben. Dies könnte darauf hinweisen, dass Einrichtungen die größer aufgestellt sind auch häufiger zertifiziert sind (siehe Tabelle 3).

	Sind die Einrichtungen zertifiziert?			
Einrichtungsgröße nach hauptamtlichen Mitarbeiter/in	Ja	Nein	Keine Angabe	Gesamt
Einrichtung über fünf hauptamtliche Mitarbeiter/in	27 (67,5 %)	12 (30 %)	1 (2,5 %)	40 (100 %)
Einrichtung bis fünf hauptamtliche Mitarbeiter/in	35 (51,5 %)	33 (48,5 %)	0 (0 %)	68 (100 %)
Einzelpersonen	6 (20,7 %)	21 (72,4 %)	2 (6,9 %)	29 (100 %)

Tabelle 3: Übersicht über Zertifizierungen der Umweltbildungseinrichtungen

In zukünftigen Forschungsarbeiten sollte dieser Frage nochmal genauer nachgegangen werden.

Zusammenfassende Ergebnisse der quantitativen Befragung

Zusammenfassend lassen sich folgende Ergebnisse benennen: Eine deutliche Mehrheit der Befragten kennt Zertifizierungen und Qualitätsstandards aus der Umweltbildung und BNE. Am bekanntesten ist die Auszeichnung als »Offizielles Dekade-Projekt«. 61,3 Prozent und damit mehr als die Hälfte der Befragten orientieren sich an Zertifizierungen und Qualitätsstandards der Umweltbildung und BNE. Am häufigsten orientieren sich die Befragten an der Auszeichnung als »Offizielles Dekade-Projekt«, danach folgen »Umweltbildung Bayern« und »NUN«. Ein geringer Teil der Befragten hat außerdem im offenen Antwortformat angegeben, dass sie sich auch an den Qualitätsauszeichnungen anderer Umweltbildungseinrichtungen oder -zentren oder an denen von Kooperationspartner/innen orientieren. Dieses Orientierung wurde auch in den Fallstudien von den Befragten benannt.

48,9 Prozent der befragten Einrichtungen haben angegeben tatsächlich zertifiziert zu sein. 30,4 Prozent sind als »Offizielles Dekade-Projekt« zertifiziert, 28,4 Prozent als »Umweltbildung Bayern« und 15,7 Prozent haben die Antwort »Andere« ausgewählt.

Eine Orientierung und Zertifizierung an anderen Qualitätssiegeln, wie EMAS, LQW usw., ist nur zu einem sehr geringen Teil bejaht worden, so dass die »brancheneigenen« Zertifizierungen deutlich mehr Orientierung und Nutzen finden.

Außerdem sind größere Einrichtungen (>fünf Hauptamtliche) tendenziell etwas häufiger zertifiziert als Einrichtungen mit weniger Hauptamtlichen oder Einzelpersonen.

4.4 Zusammenfassung der Ergebnisse und Ausblick für weitere Forschungsarbeiten

Durch die Fallstudien und die Onlinebefragung konnte zunächst herausgestellt werden, dass Zertifizierungen der Umweltbildungseinrichtungen für die Befragten eine Bedeutung haben. Denn in drei von vier Fällen können die, in den Interviews befragten Einrichtungen Zertifizierungen aus der Umweltbildung und BNE nachweisen. 48,9 Prozent der befragten Einrichtungen aus dem Onlinefragebogen haben angegeben tatsächlich zertifiziert zu sein. Es werden vor allem »brancheneigene« Zertifizierungen, die BNE quittieren, favorisiert.

Die erworbenen Zertifikate aus den Fallstudien sind sowohl länderspezifische als auch bundesweite Auszeichnungen. Allgemeinere Qualitätsstandards und Zertifizierungen, wie EMAS, LQW usw. wurden in den untersuchten Fällen nicht erworben. Auch durch die Onlinebefragung wird deutlich, dass nur ein geringer Teil nach diesen zertifiziert ist.

Inwiefern weitere Orientierungen an Qualitätskriterien bestehen, kann wie folgt beantwortet werden: So findet vor allem im Fall eins und drei eine Orientierung an weiteren Arbeits- und Qualitätskriterien statt, die entweder selbst oder durch Dritte entwickelt wurden. Diese könnten vor allem dazu dienen, eine gemeinsame Basis für Kooperationen mit Dritten zu schaffen. Interviewpartner/in B2 und B3 nehmen an verschiedenen Qualitätszirkeln zum Austausch mit anderen Akteuren teil und sind stets daran interessiert, die Qualität ihrer Arbeit darstellen zu können. Interviewpartner_in B5 aus Fall vier erklärt, dass die Einrichtung sich an den Inhalten aus den Curricula der Länder orientiert, um Kursbausteine zu entwickeln.

Aus dem Onlinefragebogen geht hervor, dass sich 61,3 Prozent und damit mehr als die Hälfte der Befragten an Zertifizierungen und Qualitätsstandards der Umweltbildung und BNE orientieren. Am häufigsten findet eine Orientierung an der Auszeichnung als »Offizielles Dekade-Projekt« statt, danach folgen »Umweltbildung Bayern« und »NUN«. Ein geringer Teil der Befragten hat außerdem im offenen Antwortformat angegeben, dass sie sich auch an den Qualitätsauszeichnungen anderer Umweltbildungseinrichtungen oder -zentren oder an denen von Kooperationspartner/innen orientieren würden.

Als Begründungen, Motivationen und Volitionen für die erworbenen Zertifizierungen der befragten Einrichtungen ist festzuhalten, dass in zwei Fällen ein inhaltliches oder persönliches Interesse an Zertifizierungen besteht, das z.B. durch die eigene Mitarbeit an den Zertifikaten getragen wird. Außerdem wird die Motivation zur Zertifizierung durch Kooperationspartner/innen und deren erworbene oder vorhandene Qualitätskriterien gefördert. Weitere benannte Gründe zur Motivation und Volition sind der Ausdruck und die Darstellungen von Qualität gegenüber Geldgeber/innen und Außenstehenden. Letztlich werden die BNE-orientierten Zertifikate auch dazu genutzt, eine thematische Ausrichtung der Einrichtung in Bezug auf BNE zu unterstützen. In diesem Zusammenhang wird auch der Einfluss der UN-Dekade auf die Institutionen deutlich. Diese Beeinflussung habe sich besonders durch die Angebots- und Projektentwicklung und Nutzung von speziell angelegten Fördermitteln ausgedrückt.

Insgesamt werden die Qualitätsstandards und Zertifizierungen im Rahmen der Fallstudien von den Befragten aus verschiedenen Perspektiven betrachtet. So bilden sich in diesem Zusammenhang Chancen und Risiken für die Befragten heraus. Zertifizierungen würden eine Möglichkeit zur Reflektion und Weiterentwicklung der Einrichtung, aber auch zur Vernetzung bieten. Sie bieten darüber hinaus sowohl eine Orientierungshilfe innerhalb einer Einrichtung als auch für Bezugsgruppen außerhalb. Qualität könne so transparent gemacht werden. Trotzdem erfordere der Erwerb von Zertifizierungen auch personelle und finanzielle Kapazitäten, die in der Branche der außerschulischen Umweltbildung, z.B. nach Aussagen von B2, gering seien. Als negativ wird die Reduktion von Vielfalt und Authentizität in der Branche durch Zertifizierungen gesehen. Gleichzeitig besteht eine Skepsis, inwiefern Zertifikate Qualität tatsächlich ausdrücken oder ob sie z.B. nur für Marketingaspekte (aus-)genutzt werden würden.

Durch ein Interview und die Onlinebefragung lässt sich darüber hinaus aufzeigen, dass größere Einrichtungen (>5 hauptamtliche Mitarbeiter/innen) im Vergleich tendenziell häufiger zertifiziert sind als kleinere Einrichtungen (<5 hauptamtliche Mitarbeiter/innen) und Einzelpersonen.

Vergleicht man die erhobenen Ergebnisse mit bestehenden Literaturinhalten und anderen Ergebnissen kann folgendes festgehalten werden: Wie Blucha (2009) angegeben hat, dienen auch bei den von uns befragten Personen Zertifizierungen als Orientierung für Außenstehende. So soll gegenüber Geldgeber/innen und (potenziellen) Kunden Qualität transparent gemacht werden. Sie dienen außerdem zur Qualitätsentwicklung. Michelsen et al. (2013) erläutern in ihrer Studie, welche Zertifizierungen die Akteure in der Branche der Umweltbildung besitzen und welche Vielzahl an Zertifizierungen besteht. Dass eine Vielzahl an unterschiedlichen Auszeichnungen besteht, wird auch in unseren

Analysen deutlich. Das Ergebnis von Michelsen et al. zeigt allerdings, im Gegensatz zu unseren Daten, dass am häufigsten Zertifizierungen im Qualitätsmanagement genutzt werden, wie z.B. LQW (29 Prozent). Erst danach folgten Zertifizierungen aus dem Bereich BNE und Umweltbildung, wie »Bildungspartner für Nachhaltigkeit« (NUN) oder Qualitätssiegel »Umweltbildung Bayern« mit 18 Prozent (vgl. Michelsen et al. 2013, S. 121). In unseren Erhebungen werden jedoch »brancheneigene« Zertifizierungen deutlich bevorzugt. BNE nimmt für diese Zertifizierungen eine zentrale Rolle ein.

Abschließend kann festgehalten werden, dass diese Qualitätsentwicklungsinstrumente in der Arbeit der Umweltbildungsakteure als Orientierung, zur Qualitätsentwicklung und -sicherung genutzt werden. Es empfiehlt sich weitere Angebote zu unterbreiten, die für möglichst viele Akteure attraktiv und unterstützend wirken, ohne dass Individualität und Heterogenität sanktioniert werden. Übergeordnet empfiehlt sich auch auf politischer Ebene Anreize und Unterstützungen, wie im Rahmen der vergangenen UN-Dekade, zu schaffen. Mit Blick auf zukünftige Forschungsarbeiten und Entwicklungen sollte in Bezug zum Thema Qualitätsstandards und Zertifizierungen der Frage nachgegangen werden, inwiefern diese für kleinere Einrichtungen als sinnvoll und unterstützend erachtet werden, da diese Frage in unserer Forschung nicht ausreichend geklärt werden konnte und für zukünftige Entwicklungen und Maßnahmen berücksichtigt werden sollte.

5 Literatur

Apel, Heino (2006): Qualitätssicherung im Kontext einer Bildung für nachhaltige Entwicklung (BNE). In: Rieß, Werner /Apel, Heino (Hrsg.): Bildung für eine nachhaltige Entwicklung: Aktuelle Forschungsfelder und -ansätze. Schriftenreihe Ökologie und Erziehungswissenschaft Aufsatzsammlung. Wiesbaden: VS Verlag für Sozialwissenschaften, S. 129-138.

Blucha, Jürgen (2009): Zertifizierung – ein Allheilmittel? Wie viele Modelle braucht der Markt? In: Brickwedde, Fritz; Bittner, Alexander (Hrsg.): Kindheit und Jugend im Wandel! Umweltbildung im Wandel? 14. Internationale Sommerakademie St. Marienthal. Berlin: Schmidt, S. 318-326.

Bormann, Inka (2002): Organisationsentwicklung und organisationales Lernen von Schulen. Eine empirische Untersuchung am Beispiel des Umweltmanagements. Opladen: Leske & Budrich.

Carmichael, Rob; Palermo, Josephine; Reeve, Lindsay; Vallence, Kevin (2001): Student Learning: the heart of quality in education and training. In: Assessment & Evaluation in Higher Education. Band 26, H. 5, S. 449-463.

Denzin, Norman (1989): The Research Act. 3. Aufl. Englewood Cliffs, N. J.: Prentice Hall.

Düll, Stefan (2007): Von DIN ISO zu LQW? In: Bender, Walter; Zech, Rainer (Hrsg.): ... denn sie wissen, was sie tun! Auf dem Weg zur selbstreflexiven Organisation. Fallstudien zur lernorientierten Qualitätsentwicklung. Hannover: Expressum-Verlag, S. 148-158.

Edelmann, Doris (2011): Messung und Zertifizierung von Kompetenzen in der Weiterbildung aus (inter-) nationaler Perspektive. In: Tippelt, Rudolf; von Hippel, Aiga (Hrsg.): Handbuch Erwachsenenbildung/Weiterbildung. 5. Aufl. Wiesbaden: VS Verlag für Sozialwissenschaften, Springer Fachmedien, S. 309-326.

Flick, Uwe (2012): Qualitative Sozialforschung. Eine Einführung. 5. Aufl. Hamburg: Rowohlt Taschenbuch Verlag.

Giesel, Katharina; de Haan, Gerhard; Rode, Horst (2002): Umweltbildung in Deutschland. Stand und Trends im außerschulischen Bereich. Heidelberg: Springer Verlag Berlin.

Guellali, Chokri (2005): Qualität in der Weiterbildung. Qualitätsrahmen für die Selbstevaluation beruflicher Weiterbildungseinrichtungen. Aachen: Shaker Verlag.

Hartz, Stefanie (2011): Qualität in Organisationen der Weiterbildung. Eine Studie zur Akzeptanz und Wirkung von LQW. Wiesbaden: VS Verlag für Sozialwissenschaften, Springer Fachmedien.

Hartz, Stefanie ; Meisel, Klaus (2004): Qualitätsmanagement: Studientexte für Erwachsenenbildung. Bielefeld: W. Bertelsmann Verlag GmbH& Co. KG.

Harvey, Lee; Green, Diana (2000): Qualität definieren. Fünf unterschiedliche Ansätze. In: Zeitschrift für Pädagogik, 41. Beiheft, S. 17-39.

Jäger, Michael (2004): Transfer in Schulentwicklungsprojekten. Wiesbaden: VS Verlag für Sozialwissenschaften.

Knipsel, Karl (2008): Qualitätsmanagement im Bildungswesen. Ansätze, Konzepte und Methoden für Anbieter von E-Learning- und Blended Learning-Qualifizierungen. Münster: Waxmann Verlag GmbH.

Kuckartz,Udo; Ebert,Thomas; Rädiker, Stefan; Stefer, Claus (2009): Evaluation online. Internetgestützte Befragung in der Praxis. Wiesbaden: VS Verlag für Sozialwissenschaften, GWV Fachverlage GmbH.

Kusel, Ulrike (2010): Qualitätsentwicklung in der außerschulischen Bildung für eine nachhaltige Entwicklung. Eine exemplarische Untersuchung des schleswigholsteinischen Zertifizierungsverfahrens zum »Bildungspartner/-zentrum für Nachhaltigkeit«. Diplomarbeit im Studiengang Umweltwissenschaften.

Lahusen, Christian; Stark, Carsten (2010): Die funktionalistische Analyse sozialer personenbezogener Dienstleistungsorganisationen. In: Klatetzki, Thomas: Soziale personenbezogene Dienstleistungsorganisationen. Weinheim: VS Verlag für Sozialwissenschaften. Springer Fachmedien, S.168-197.

Masing, Walter (1999): Das Unternehmen im Wettbewerb. In: Masing, Walter (Hg.): Handbuch Qualitätsmanagement. 4., gründl. überarb. und erw. Aufl. München: Hanser, S. 3-16.

Michelsen, Gerd; Rode, Horst; Wendler, Maya; Bittner, Alexander (2013): Außerschulische Bildung für nachhaltige Entwicklung. Eine Bestandsaufnahme am Beginn des 21.Jahrhunderts. München: Oekom-Verlag.

Mieg, Harald (2006): Professionalisierung. In: Rauner, Felix (Hrsg.): Handbuch Berufsbildungsforschung. Bielefeld: wbv, S. 343-350.

Ostenrath, Krischan (2012): Bildung für die Umwelt. In: arbeitsmarkt Umweltschutz; Naturwissenschaften 40, S.1-5.

Rogers, Everett (2003): Diffusion of Innovations. 5. Aufl. New York: Free Press.

Terhart, Erwald (2000): Qualität und Qualitätssicherung im Schulsystem. Hintergründe – Konzepte – Probleme. In: Zeitschrift für Pädagogik, Jg. 46, H. 6, S. 809-829.

Wolf, Gertrud (2006): Wir sind was wir machen: Zum Problem pädagogischer Professionalität in der Bildung für nachhaltige Entwicklung. In: Rieß, Werner /Apel, Heino (Hrsg.): Bildung für eine nachhaltige Entwicklung: Aktuelle Forschungsfelder und -ansätze. Schriftenreihe Ökologie und Erziehungswissenschaft Aufsatzsammlung. Wiesbaden: VS Verlag für Sozialwissenschaften, S. 139-148.

Onlinequellen:

ANU (2015): Qualitätsmanagement- systeme [http://www.umweltbildung.de/439.html?&fontsize=9] Aufruf am: 04-08-15.

DUK (2012): Offizielles Dekade- Projekt werden. Ein Wegweiser. [http://www.bne-portal.de/sites/default/files/downloads/publikationen/DUK

Forkel-Schubert, Jürgen (2015a): NUN-zertifizierte Bildungsakteure in Hamburg [http://www.nun-dekade.de/zertifizierte-akteure/hamburg/] Aufruf am: 02-02-16.

Forkel-Schubert, Jürgen (2015b): NUN-zertifizierte Bildungsakteure in Schleswig-Holstein [http://www.nun-dekade.de/zertifizierte-akteure/schleswig-holstein/] Aufruf am: 02-02-16.

Forkel-Schubert, Jürgen (2015c): NUN-zertifizierte Bildungsakteure in Mecklenburg-Vorpommern [http://www.nun-dekade.de/zertifizierte-akteure/mecklenburg-vorpommern/] Aufruf am: 02-02-16.

Gillwald, Katrin (2000): Konzepte sozialer Innovation [http://bibliothek.wzb.eu/pdf/2000/p00-519.pdf] Aufruf am: 07-04-16.

Hamburg, Mecklenburg-Vorpommern und Schleswig-Holstein (2015): Qualitätsentwicklung in der ausserschulischen Umweltbildung. Zertifizierung außerschulischer Anbieter im Rahmen einer Bildung für nachhaltige Entwicklung in Hamburg, Mecklenburg-Vorpommern und Schleswig-Holstein [http://www.hamburg.de/contentblob/3999444/data/nun-broschuere.pdf] Aufruf am: 15-01-16.

LANU - Sächsische Landesstiftung Natur und Umwelt Akademie (2012): Qualitätsmanagementsystem Umweltbildung. Tharandt.

Liebald, Christiane (2002): Organisationsentwicklung und Qualitätsmanagement: Wie sich Bildungseinrichtungen dem gesellschaftlichen Wandel stellen [http://www.umweltbildung.de/uploads/tx_anubfne/liebald_text.pdf] Aufruf am: 02-03-16.

Natur- und Umweltschutz-Akademie NRW (NUA) (2015): Bildung für nachhaltige Entwicklung. Modellvorhaben zur Qualitätsentwicklung und Zertifizierung außerschulischer Bildung [http://www.nua.nrw.de/fileadmin/user_upload/NUA/Themen/Ausserschulische_Bildung/Zertifizierung-ausserschulischer-Umwelt-Bildung/NUA_Broschuere_Bildung_10_08_2015_web.pdf] Aufruf am: 03-03-16.

StMUV (2015): Qualitätssiegel »Umweltbildung Bayern«. Leitfaden für die Antragstellung – Erstantrag und Verlängerungsantrag. [http://www.umweltbildung.bayern.de/qualitaetssiegel/bewerbung/doc/leitfadenbewerbung.pdf] Aufruf am: 07-02-16.

StMUV (2016a): Qualitätssiegel »Umweltbildung.Bayern« [http://www.umweltbildung.bayern.de/qualitaetssiegel/index.htm] Aufruf am: 06-02-2016.

StMUV (2016b): Grundsätze für die Auszeichnung mit dem Qualitätssiegel »Umweltbildung Bayern« [http://www.umweltbildung.bayern.de/qualitaetssiegel/grundsatz/index.htm] Aufruf am: 06-02.2016.

Handlungsempfehlungen zu Leitungswechseln in außerschulischen Umweltbildungseinrichtungen

Jannes Logemann, Julia Logemann, Jessica Blings

1 Welche Bedeutung haben Leitungswechsel in außerschulischen Umweltbildungseinrichtungen?

Die Arbeitsgemeinschaft Natur- und Umweltbildung e.V., als größter Berufsverband der Umweltbildungseinrichtungen in Deutschland geht aktuell davon aus, dass in den Zentren für Umweltbildung und Bildung für nachhaltige Entwicklung ein Leitungswechsel einer »Gründergeneration« in den Ruhestand stattfindet oder zu erwarten ist. Da hierzu keine konkreten Zahlen bekannt sind, haben wir in unserer Studie darauf gezielt, hier ein Überblick über die Dimensionen mit konkreteren Zahlen zu Leitungswechseln zu gewinnen.

Die Einrichtungen stehen bei einem Leitungswechsel grundsätzlich vor der Aufgabe vorhandenes »Know How« zu sichern und »neue Wege« zu gestalten. Branchenspezifische Erfahrungen für einen Leitungswechsel im Bereich der außerschulischen Umweltbildung und BNE fehlen bisher. Es besteht der Bedarf, Erkenntnisse für diese Branche zu generieren und ggf. Hilfestellungen zur Übergabe zu ermöglichen, um keine Qualitäts- und Wissensverluste in der Arbeit zu erleiden (vgl. ANU 2015). Für die theoretische und empirische Untersuchung mittels Onlinebefragung und Fallstudien wurde deshalb der Frage nachgegangen, welche Erfahrungen zu Leitungswechseln aus anderen Branchen (z.B. von Sozial- oder Kultureinrichtungen) vorliegen. Welche sollten und könnten übertragen werden? Für die qualitative Untersuchung wurde der Frage nachgegangen, welche Erfahrungen hinsichtlich Erfolgskriterien oder ungelösten Problemen aus bisherigen Übergaben der Leitungen gewonnen werden können.

Personelle Veränderungen, insbesondere in der Leitungs- oder Führungsebene stellen eine besondere Situation in Institutionen dar. Die Situation betrifft dabei nicht nur die neue Leitungs- bzw. Führungsperson, sondern auch nachfolgende Ebenen der Institution, wie z.B. das Kollegium, Mitarbeiter/innen, Interessengruppen und Kooperationspartner/innen sowie weitere Bezugsgruppen (vgl. Fischer 2006, S. 192). Ein Wechsel kann als Bruch von Routinen wahrgenommen werden, der negative Auswirkungen auf Institutionsziele oder auf die Beziehung zu den Bezugsgruppen haben kann (ebd., S. 191). Gemischte Gefühle können hier zwischen Hoffnung und gleichzeitiger Unsicherheit auf Neues bestehen.

Ein Wechsel kann aber auch als Chance und einmalige Dynamik für Neues genutzt werden, indem durch die neue Leitungs- bzw. Führungsperson neue institutionelle Möglichkeiten, Ressourcen und Potenziale, wie z.B. die Erschließung neuer Zielgruppen, entwickelt und Veränderungsprozesse angestoßen werden können (vgl. Fischer 2006, S. 192). Bisher existieren kaum Konzepte zu Leitungswechseln für die Gestaltung von Leitungswechseln im Bereich der außerschulischen Umweltbildung. Daher diskutieren wir in diesem Beitrag Inhalte und Aspekte zu Leitungswechseln aus anderen und angrenzenden Bereichen, um mithilfe dieser und den Ergebnissen aus der empirischen Erhebung, Erkenntnisse für diese Branche generieren zu können sowie Faktoren für die Planung eines Leitungswechsels herauszustellen.

Dafür möchten wir im ersten Teil dieses Kapitels zunächst die Ergebnisse der quantitativen Erhebung vorstellen. Danach möchten wir Umweltbildungseinrichtungen als soziale Dienstleistungsorganisationen charakterisieren und ihre spezifischen Merkmale herausstellen. Darauf folgen vier Entwicklungsstufen von Institutionen, die ebenfalls charakteristisch für soziale Dienstleistungsorganisationen sind. Diese beiden Aspekte behandeln organisationale Merkmale und Strukturen, die nötiges Hintergrundwissen für die Organisation und Gestaltung von Leitungswechseln in sozialen Dienstleistungsorganisationen darstellen. Die Ergebnisse aus qualitativen Fallstudien unserer empirischen Studie werden vorgestellt und daran anschließend folgen spezifische Ausführungen zu einzelnen Aspekten von Leitungswechseln bezogen auf die Umweltbildung/BNE. Hier werden zunächst die Formen des Ausstiegs und der Nachfolge skizziert, die die Ausgangslage einer Wechselsituation mitbestimmen. Danach werden die beteiligten Akteure bei einem Leitungswechsel in sozialen Dienstleistungsorganisationen vorgestellt und die ihnen zukommenden Aufgaben und Anforderungen geschildert. Abschließend folgen Begleitungsmöglichkeiten, die vor oder während des Wechsels genutzt werden können, um den Prozess zu unterstützen und mögliche Schwierigkeiten zu behandeln.

2 Dimension der zu erwartenden Leitungswechsel

Aus organisatorischen Gründen wurde in der Onlinebefragung (siehe einführenden Beitrag von Blings) nur mit wenigen Fragen auf das Thema Leitungswechsel eingegangen.

Es wurde danach gefragt, ob in den letzten fünf Jahren ein Leitungswechsel in den entsprechenden Einrichtungen stattgefunden hat. Es haben 138 Personen geantwortet. 26,1 Prozent haben die Frage bejaht während 73,9 Prozent die Frage verneinten (siehe Abbildung 1).

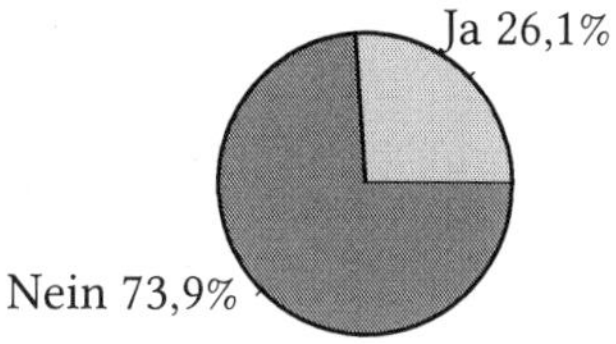

Abbildung 1: Hat ein Leitungswechsel in den letzten fünf Jahren stattgefunden? (n= 138)

Auf die Frage, ob in den kommenden fünf Jahren ein Leitungswechsel zu erwarten ist, haben 27,6 Prozent »ja« und 60,4 Prozent »nein« angegeben (n=116). Insgesamt wurden zu der Teilnahme an der Onlinebefragung 846 Umweltbildungseinrichtungen per
Email aufgefordert (s.a. Einführungskapitel in diesem Band). 191 haben sich an der Umfrage beteiligt (siehe Abbildung 2).

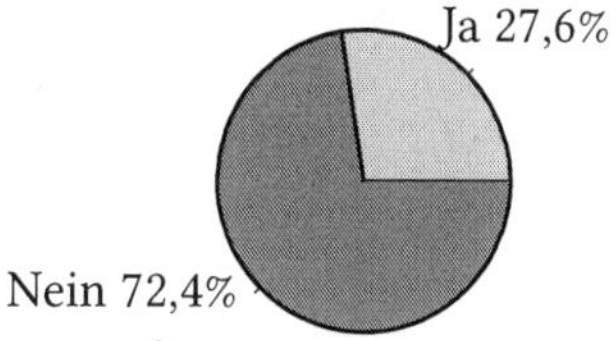

Abbildung 2: Ist in Ihrer Einrichtung in den kommenden fünf Jahren eine Leitungsübernahme zu erwarten? (n=139)

Die Antworten zeigen, dass sich die Umweltzentren aktuell mitten in einem Generationswandel befinden. Mehr als ein Viertel der an der Umfrage teilgenommenen Zentren hatte bereits einen Leitungswechsel, knapp ein Viertel rechnet mit einem in den nächsten fünf Jahren. Hochgerechnet auf die Gesamtzahl von bekannten Umweltbildungseinrichtungen kalkulieren wir - konservativ geschätzt - mit mindestens 130 Leitungswechseln in den kommenden fünf Jahren.

3 Umweltbildungseinrichtungen als soziale Dienstleistungsorganisationen

Umweltbildungseinrichtungen sind als soziale Dienstleistungsorganisationen einzuordnen, denn diese umfassen »Vereinigungen und Initiativen, die für humanitäre Hilfe und Entwicklungszusammenarbeit sorgen, sich für benachteiligte Randgruppen unserer Gesellschaft engagieren, Umweltschutz propagieren und im kleinen Rahmen auch selbst betreiben, Kunst und Kultur fördern sowie den Amateursport organisieren« (vgl. Lahusen/Stark 2010, S. 167f.). Intern weist dieser Zweig eine hohe Differenzierung auf, was beispielsweise die Organisationsstrukturen, das Tätigkeitsspektrum und die Arbeitsbereiche betrifft. Extern und im Gegensatz zum Primär- und Sekundärbereich lässt sich dieser Bereich aber eindeutig eingrenzen, denn soziale Dienstleistungsorganisationen setzen sich für die »friedvolle und freiwillige Behandlung öffentlicher Belange ohne primäre Gewinnerzielungsabsicht« (ebd.) ein.

Dadurch sind sie in die gesellschaftliche Umwelt eingebettet und ebenso von dieser abhängig. Da die gesellschaftlichen Umweltbedingungen nie stetig sind, werden an soziale Dienstleistungsorganisationen zwei Anforderungen gestellt, um »überlebensfähig« zu bleiben: Zum einen müssen die sozialen Dienstleistungsorganisationen sich den wandelnden gesellschaftlichen Umweltbedingungen anpassen und zum anderen benötigen sie ein solides Fundament zur Ressourcenmobilisierung, um dem Anspruch der Wandlungsfähigkeit zu genügen (ebd., S. 176).

Damit eine soziale Dienstleistungsorganisation also Leistungen nach außen erbringen kann, muss sie intern kongruent sein, indem sie mit ihren Mitgliedern und Akteuren gemeinschaftliche Ressourcen, wie motivationale Übereinstimmungen, zu erreichende Ziele, soziale gemeinschaftliche Bindungen und normative Bewertungen konstruiert, aber auch durch formale Strukturen, z.B. verbindliche Richtlinien, Dienstanweisungen und informelle Handlungslogiken, wie z.B. Verhaltensdispositionen, strukturiert und Wandlungsfähigkeit als Kompetenz erfasst (vgl. Lahusen/Stark 2010, S. 171; vgl. Frömming-Ohmke 2005, S. 63). Solch eine Etablierung von innerer Kongruenz kann als Organisations-

oder Unternehmenskultur bezeichnet werden (ebd., S. 179). Kultur meint »...die Summe der Überzeugungen, die eine Gruppe oder Gemeinschaft im Laufe ihrer Geschichte entwickelt hat, um mit den Problemen des internen Zusammenhalts sowie der externen Anpassung (zur Überlebenssicherung) fertig zu werden. Sie ist die Summe der Regeln, die so gut funktionieren, dass sie zu ungeschriebenen Gesetzen werden und jeder nachfolgenden Generation als die »richtige« Art des Denkens, des Fühlens und des Handelns weitergegeben wird« (Doppler/Lauterburg 2002 zit. n. Frömming-Ohmke 2005, S. 64). Zur Kultur zählen neben formellen oder sichtbaren Aspekten, wie beispielsweise Einrichtung, Struktur, Programmziele, Technologie, Finanzen, Zielgruppen/Kundensysteme und Beschäftigte auch informelle und unsichtbare Aspekte, wie z.B. Traditionen, Riten und Gebräuche, Einstellungen, Werte, Denkmuster, Beziehungen, Kommunikation und Gefühle.

Die Steuerung von komplexen sozialen Dienstleistungsorganisationen durch Leitungspersonen beschränkt sich daher nicht nur auf eine betriebswirtschaftliche Perspektive, sondern beinhaltet auch die Verfolgung und Einhaltung von allgemeinen Zielvorgaben, die auf der Basis der gemeinsamen Wertbindungen der Organisationsakteure entstanden sind (vgl. Lahusen/Stark 2010, S. 179). Die Rolle und das Aufgabenfeld einer Leitungsperson umfasst deswegen sowohl als Vorbild bzw. als Träger/in der Organisationskultur zu fungieren (vgl. Frömming-Ohmke 2005, S. 67), als auch »...den Zusammenhang der einzelnen Teilbereiche der Organisation zu erkennen, spezifische Zielvorgaben mit den jeweiligen Zusammenhängen abzugleichen und negative Auswirkungen in Bezug auf die Zielerreichung abzufedern bzw. möglichst zu antizipieren und zu vermeiden« (Lahusen/Stark 2010, S. 176).

4 Entwicklungsphasen von Umweltbildungseinrichtungen

Friedrich Glasl und Bernard Lievegoed haben in den 70er Jahren ein Phasenmodell für Organisationen entwickelt, das bis heute genutzt und zahlreich zitiert wird. Dieses Stufenmodell erläutert Entwicklungsprozesse von Organisationen und beschreibt insgesamt vier Phasen. Am Anfang steht immer die Pionier- bzw. Gründerphase, darauf folgt als zweites die Differenzierungsphase, anschließend die Integrationsphase und abschließend die Assoziationsphase (vgl. Frömming-Ohmke 2005, S. 67). Jede Phase bringt spezifische Merkmale, Kennzeichen, aber auch Krisensymptome und Probleme mit sich, die Auswirkungen auf die Beschäftigten und die gesamte Organisation haben und einen angemessenen Handlungsbedarf zum weiteren Bestehen der Organisation erfordern.

In den meisten Fällen wird die jeweilige Entwicklungsstufe auf die gesamte Organisation bezogen, es kann aber auch vorkommen, dass sich einzelne Teilbereiche der Organisation in unterschiedlichen Entwicklungsstufen befinden, beispielsweise wenn eine neue Abteilung eröffnet wird (Pionier- bzw. Gründerphase), während die gesamte Organisation schon über mehrere Jahre erfolgreich besteht und sich bereits in der Assoziationsphase befindet (ebd., S. 68). Im Nachfolgenden sollen die einzelnen Phasen näher beschrieben werden. Dabei wird die erste Phase und der Übergang aufgrund der Besonderheiten des Umweltbildungs-/BNE-Sektors und den Ergebnissen der empirischen Untersuchung besonders ausführlich beschrieben.

4.1 Pionier- bzw. Gründerphase

Die Pionier- bzw. Gründerphase steht immer am Anfang einer Entwicklung und beginnt mit der Gründung einer Organisation bzw. einer Abteilung einer Organisation (vgl. Frömming-Ohmke 2005, S. 68). Die Gründer, bezeichnet als Pioniere, weisen eine historische Dimension auf, da sich die meisten Pioniere in den Zeiten der 80er Jahre verorten, die für die Studenten-, Friedens-, Frauen- sowie Umweltbewegungen bekannt waren. Heraus aus diesen »bewegten Zeiten« und durch kontinuierlich vernetzte Initiativen und Strukturen wurden Institutionalisierungsprozesse angestoßen, in denen sie »ihre« Organisation aufgebaut haben (vgl. Alke 2014, S. 176f.). »Ihre« Organisation wird durch spezifische Elemente gekennzeichnet, die nun näher erläutert werden sollen.

Die Merkmale der Pionier- bzw. Gründerphase sind nach Frömming-Ohmke folgende: Arbeitsabläufe und Aufgaben sind überschaubar und werden persönlich und z.T. improvisierend bewältigt, die Leitungsperson kennt alle Arbeitsabläufe genau und hat »alle Fäden in der Hand«, die Organisation kann flexibel situationsabhängig agieren, Absprachen und Vereinbarungen werden mündlich vorgenommen, die Beziehungsstrukturen sind intim, die Beschäftigten sind in der Regel sehr motiviert, sie bearbeiten die verteilten Aufgaben nach ihren Stärken und Fähigkeiten und es wird eine hohe Eigeninitiative von den Beschäftigten gefordert, denn die Beschäftigten wurden aufgrund ihrer Persönlichkeit und ihrer Biografie als Beschäftigte von der Leitungsperson ausgewählt (vgl. Frömming-Ohmke 2005, S. 69).

Markant und typisch für die Pionier- bzw. Gründerphase ist, dass die berufliche und private Biografie der Pioniere sehr eng mit der gegründeten Organisation verbunden ist, da sie aus der eigenen Lebenswelt der Pioniere heraus entstanden ist (vgl. Alke 2014, S. 179). Die gegründete Organisation trägt persönliche Elemente der Pioniere in sich, die sich durch Werte, Normen und Traditionen auszeichnen und sich vor allem durch eben diese Identität von anderen Institutionen abgrenzt (ebd.). Durch vielfältige Kooperationen und Netzwerke sowie eine hohe Beziehungsorientierung der Organisation, besteht eine Semantik zu familiären Strukturen, weshalb der Begriff des Generationswechsels in Verbindung zu sogenannten »familiären Organisationstypen«, den Zech geprägt hat, steht (ebd.). Ansonsten wird der Begriff des Generationswechsels oftmals im Bereich von Familienunternehmen genutzt (ebd., S. 173). Die Organisation wird nicht nur durch eine Art der Soziabilität und einem bestimmten Wertehorizont charakterisiert, sondern auch auf inhaltlich-thematischer Ebene prägen die Pioniere die Arbeit »ihrer« Einrichtungen, indem sie charakteristische Angebote bereitstellen (ebd., S. 177).

Hinsichtlich eines Wechsels weist die Pionierarbeit aber nicht nur eine historische, sondern auch eine zukunftsbezogene Dimension auf. Denn der Generationswechsel impliziert eine Ablösung einer bestimmten, älteren Kohorte von einer jüngeren, die nicht nur die einzelne Organisation betrifft, sondern für die gesamte Landschaft von Institutionen thematisiert werden muss, da auch weitere Institutionen und Teilbereiche aktuell von dieser Thematik betroffen zu sein scheinen (ebd.). Daher werden gegenwärtig verschiedene Projekte initiiert, die eben diesen Generationswechsel untersuchen und reflexive Verfahren dazu etablieren wollen, deren Ziel Entwicklungen zu organisationalen Umgangsstrategien mit dem Generationswechsel sind (ebd., S. 175f.). Schwerpunkte dieser Entwicklungen sollten Handlungsanweisungen für Themen, wie Nachwuchsrekrutierung, Wissensmanagement und -transfer, Veränderungen auf Profil- und Programmebene und zu Werthaltungen, Normen sowie zu Leitbildern, Professionalität und gemeinsamen Zielen sein. Insbesondere der Transfer von materiellen und immateriellen Werten und Normen von ehemaliger zu neuer Leitungsperson ist ein besonderer Aspekt beim Generationswechsel. In diesem Zusammenhang wird häufig vom »Erbe« gesprochen und die Frage nach der Weitergabe dieses »Erbes« gestellt (ebd., S. 178). Bei einem Wechsel ist die Annahme und Anerkennung dieses Erbes zwischen Erblasser/innen (ehemalige Leitungsperson bzw. Pionier/in) und Erbenden (neue Leitungsperson) eine wichtige Voraussetzung, da sonst ein Konflikt entsteht, der keine Weiterführung der Organisation bedeuten kann, weil der Wechsel zwischen den Generationen misslingt (ebd., S. 179f.). Das »Erbe« beinhaltet also eine kollektive und ideelle Dimension, die den Leitungswechsel vom Führungswechsel unterscheidet, da es dabei nicht nur um das Umsetzen von Routinen und Strategien geht, sondern eben um den Transfer von Werten und Normen, die die Identität der Organisation prägen (ebd., S. 180). Wechsel in sozialen Dienstleistungsorganisationen und speziell Generationswechsel können im Vergleich zu Wechseln in Wirtschaftsunternehmen aber genauso als Veränderungsstrategie auf der Profil- und Programmebene genutzt werden, um Organisationsentwicklungsprozesse anzustoßen und Lernprozesse der Erneuerung für Organisationen bedeuten, die zusammen mit den Pionieren erarbeitet werden können (ebd., S. 177). Ein »Bruch« und zugleich »Aufbruch zu Neuem« entsteht. Das »Erbe« muss anerkannt werden, gleichzeitig dürfen aber auch institutionelle Erneuerungen nicht außer Acht gelassen werden. Dieser »Aufbruch zu Neuem« kann als Chance und ebenso als Risiko betrachtet werden. Einerseits bietet er als Chance eine Kontinuität des sozialen Miteinanders fortzuführen und sich an den »Wandel der Zeit« anzupassen, also auch einen Perspektivenwechsel vorzunehmen. Anderseits birgt er das Risiko Erwartungshaltungen der Pioniere nicht zu erfüllen, so dass Konflikte entstehen. Daher muss die Differenz zwischen Vorgänger/in und Nachfolger/in bei einem Leitungswechsel als Schlüsselkategorie anerkannt werden, um einen erfolgreichen Wechsel zwischen den Generationen zu gestalten (ebd., S. 181).

Das Ende der Pionier- bzw. Gründerphase mündet natürlich mit dem Austritt des bzw. der Pionier/in und wird durch weitere sogenannte Krisensymptome und Probleme gekennzeichnet. Zu diesen gehören beispielsweise Vergrößerung der Organisation, Erhöhung der Anzahl der Beschäftigten, Erweiterung des Umfangs der Angebote, weitere Zielgruppen werden erschlossen, Abläufe werden komplexer, Koordination von Terminen erschweren sich, Beziehungsstrukturen werden anonymer, Qualitätsminderungen können entstehen und der bzw. die Pionier/in kann physisch und psychisch überlastet werden (vgl. Frömming-Ohmke 2005, S. 71). Es entsteht das Problem der Systemtransparenz, das die nächste Phase einläutet (vgl. Glasl, Lievegoed 2004, S. 49).

4.2 Differenzierungsphase

In der zweiten Phase, der Differenzierung, entwickelt sich die Organisation zu einer steuer- und kontrollierbaren Organisation (vgl. Frömming-Ohmke 2005, S. 68). Im Gegensatz zu der ersten Phase, in der die Organisation sehr auf den bzw. die Pionier/in bezogen war und viele Aufgaben und Abläufe durch die Gründungsperson vorgenommen wurden, werden nun unterstützende Systeme wie Aufbau- oder Ablauforganisationen genutzt. Merkmale dieser Phase sind vor allem das Erstellen von Organigrammen, die Dokumentation von Abläufen und Aufgaben, Organisationshandbücher, Berichte und Formulare werden angefertigt, es werden Verantwortlichkeiten und Kompetenzbereiche schriftlich festgelegt und Tätigkeitsbereiche können zusammengefasst und somit standardisiert und vereinfacht werden (ebd., S. 73). Für die Leitungsperson sind in dieser Phase eher verwaltungstechnische Aufgaben, wie Abrechnungen, Leitungsnachweise etc. relevant sowie die Steuerung der inneren Strukturen. Die Beziehungen zu und unter den Beschäftigten ist distanziert, der Informationsaustausch und die Absprachen finden in speziell dafür eingerichteten Zusammenkünften, wie Besprechungen und Meetings statt. Regeln, Vorgaben sowie Standards dienen als Handlungsanweisungen für die Beschäftigten. Die Organisation wirkt professioneller und konnte möglicherweise ihre Marktposition stärken (ebd.). Krisensymptome der Phase sind z.B. das zu starre und einseitige Nutzen von Handlungsanweisungen, die Organisationskultur wird nicht mehr gelebt oder vernachlässigt, Unzufriedenheit und Beschwerden von Beschäftigten nehmen zu, die die Leitungsperson Zeit und Qualitätsverluste kostet, die sich nach außen auf Zielgruppen und Kundschaft auswirken können. Insgesamt droht das Risiko der sozialen Vernachlässigung. Hier muss die Leitungsperson entgegen wirken, indem sie den Professionalisierungsbedarf für das Gestalten und Leiten der Organisation erkennt und mithilfe eines angemessenen Führungsstils fördert (ebd., S. 75).

4.3 Integrationsphase

Die Integrationsphase ist die dritte und vorletzte Phase, in der sich eine Organisation befinden kann. In dieser Phase soll eine ganzheitliche Organisation entwickelt werden, die einerseits fachliche und andererseits organisatorische Verantwortung verknüpft. Das bedeutet, dass die Steuerung aus Phase zwei mit genügend Flexibilität und Durchlässigkeit aus Phase eins verknüpft werden muss, damit gemeinsame Initiativen und Prozesse angestoßen und kundenspezifische und marktgerechte Dienstleistungen umgesetzt werden können (vgl. Ross, Strawe 2011, S. 8). Ross und Strawe sprechen von einer lernenden Organisation (ebd.). Merkmale der Phase sind die Neustrukturierung zu einer ganzheitlichen Organisation, die Entwicklung einer gemeinsamen Philosophie sowie Entwicklungen von gemeinsamen Zielsetzungen. Handlungsanleitende Vorgaben werden von Beschäftigten verfolgt und Beschäftigte, Kooperationspartner/innen sowie das Klientel bzw. die Zielgruppen werden für Anregungen zur Verbesserung miteinbezogen. Von der Leitungsperson ist in der Integrationsphase ein kooperativer und situativer Führungsstil zu erwarten, der Verantwortungen delegiert, aber das Denken für gemeinsame Prozesse und Entwicklungen fördert (vgl. Frömming-Ohmke 2005, S. 76).

Die Entwicklung zu einer ganzheitlichen Organisation kann mithilfe des Modells von Glasl und Lievegoed erklärt werden. Dieses »ganzheitliche Systemkonzept«, bestehend aus drei Teilsystemen und sieben Wesenselementen, zeigt die elementaren Aspekte einer Organisation auf, die in ihrer Gesamtheit die Gestalt und die »Wirkung« der Organisation charakterisieren (ebd., S. 77f.). Zum kulturellen Teilsystem gehören: »1. Identität«, »2. Politik, Strategie, Programme«. Zum sozialen Teilsystem zählen: »3. Struktur«, »4. Menschen, Gruppen, Klima« und »5. Einzelfunktionen, Organe«. Zum technisch-instrumentellen Teilsystem zählen »6. Prozesse, Abläufe« und »7. Physische Mittel« (ebd., S. 78).

Alle Wesenselemente haben dabei einen Bezug auf das innere System der Organisation und auf das äußere System, also der Umwelt. Im Nachfolgenden sollen die einzelnen Elemente kurz erklärt werden.

Das erste Wesenselement, die Identität, zeigt nach innen gerichtet die gesellschaftliche Aufgabe bzw. die Mission der Organisation. Zu ihr gehören das Leitbild, die Philosophie, die Grundwerte sowie das historische Selbstverständnis der Institution. Nach außen gerichtet ist es die Identität und das Image der Organisation, das bei dem Klientel, Zielgruppen, Politik etc. besteht und sich z.B. durch die Position auf dem Markt, zu Konkurrenten und in der Gesellschaft ausdrücken kann (ebd.). Politik, Strategie sowie Programm beschreiben nach innen die langfristige Planung der Programme der Organisation z.B. mit Leitsätzen für die Dienstleistungs-, Personal- und Marktpolitik. Leitsätze für den Umgang mit dem Klientel, Kooperationenspartner/innen etc. sowie PR-Konzepte und Marktstrategien gehören zur Außenperspektive des zweiten Wesenselementes. Diese beiden Elemente stellen den wesentlichen Kern der Organisation dar und sind deshalb das kulturelle Teilsystem einer Organisation (ebd.).

Das dritte Wesenselement, die Struktur, beinhaltet die Aufbauprinzipien, die Leitungshierarchie, die zentralen und dezentralen Stellen sowie Statuten einer Organisation. Nach außen wird die Struktur durch strukturelle Beziehungen zu Verbänden, externen Gruppen und strategischen Allianzen präsentiert. Die Menschen, die Gruppen und das Klima in einer Organisation werden vom vierten Element aufgegriffen. Das Wissen und die Fähigkeiten der Beschäftigten, ihre Einstellungen und Beziehungen, aber auch Führungsstile, Macht und Rollenkonstellationen sowie das gesamte Betriebsklima betreffen das Innensystem. Informelle Beziehungen zu Stellen und deren Pflege und das Beziehungsklima innerhalb der Branche betreffen hingegen das Außensystem (ebd.). Als letztes Wesenselement im sozialen Teilbereich benennen Glasl und Lievegoed die Einzelfunktionen und die Organe. Dazu gehören im Innensystem beispielsweise die Aufgaben und Verantwortungen, die Aufgabeninhalte von einzelnen Funktionen, Kommissionen, Gremien und Projektgruppen. Zum Außensystem gehört das Verhältnis zum Branchenverständnis über Arbeitsteilung und die Pflege zu externen Schnittstellen (ebd.).

Das technisch-kulturelle Teilsystem schließt die letzten beiden Wesenselemente ein. Prozesse und Abläufe als Element meinen nach innen die primären Arbeitsprozesse und sekundäre sowie tertiäre Prozesse, wie z.B. Entscheidungs-, Informations-, Planungs- und Steuerungsprozesse. Nach außen umfassen sie die Beschaffungsprozesse für Ressourcen oder Informationen (ebd.). Die physischen Mittel sind im Innensystem die Möbel, Geräte, Räume, Instrumente und finanzielle Mittel. Für außen kann beispielsweise das physische Umfeld und das Verhältnis von Eigen- und Fremdmittel benannt werden (ebd.).

Die Integration aller Wesenselemente und Teilbereiche ist sehr arbeits- und zeitintensiv und bedarf oftmals struktureller Veränderungen, damit die Organisation letztlich zu einem »Organismus« zusammenwachsen kann und als einer funktioniert.

Krisensymptome der Integrationsphase sind deshalb zu knappes Zeitmanagement, um die Schritte der Veränderungen zu planen und durchzuführen, Diskussionen an Zielen und Leitbildern, die die eigentliche Arbeit behindern und sowohl die Fokussierung von Gewinninteressen anstatt Veränderungsprozesse anzustoßen als auch Verunsicherung bzw. Widerstände von Mitarbeiter/innen etc. gegenüber den angestrebten Veränderungen (ebd., S. 80). Das Problem, das zur nächsten Phase führt, sind die Umwelt- bzw. Umfeldprobleme (vgl. Glasl, Lievegoed 2004, S. 49).

4.4 Assoziationsphase

Die letzte Entwicklungsphase ist die Assoziationsphase. Ihr stärkstes Merkmal ist die Vernetzung zur Umwelt und zu anderen Organisationen, bei der unterschiedlichen Formen der überbetrieblichen Zusammenarbeit und Kooperationen zu anderen Organisationen eingegangen werden. Dabei verpflichten sich die beteiligten Organisationen zur gegenseitigen Unterstützung und arbeiten z.B. zusammen an einer Strategie oder gemeinsamen Zielen. Ein Beispiel dafür ist eine zentrale Organisation von Fort- und Weiterbildung für eine bestimmte Berufsgruppe, die dann nicht länger von vereinzelten Institutionen durchgeführt wird, sondern unter einem Dach von Organisationen (ebd., S. 81). Weitere Kennzeichen sind die Nutzung von Projekt- und Prozessmanagement, um Veränderungen umzusetzen, es bestehen flache Hierarchien, Beschäftigte haben

Einfluss auf Arbeitsprozesse und übernehmen durch Selbstorganisation mehr Verantwortung und interne Abläufe sowie Dienstleistungen sollen durch Kontakte zu Beschäftigten, Bezugsgruppen usw. stetig optimiert werden (ebd.). Krisensymptome und Probleme können Machtkonzentrationen bzw. -monopole von Organisationen sein. In der Umwelt der Organisation und im, wie Glasl beschreibt »Unternehmens-Biotop«, können einzelne Organisationen einen makrogesellschaftlichen Machtblock schaffen, den sie durch die zu starke Konzentration auf die Außenwelt und die Stakeholder der Organisation entwickeln. Diese Dominanz von einzelnen Organisationen könnte dazu führen gesellschaftliche Kontroll- und Entscheidungsformen einzugrenzen oder sogar außer Kraft zu setzen (vgl. Glasl, Lievegoed 2004, S. 127).

Zusammenfassend ist das Modell der Entwicklungsphasen von Unternehmen bzw. Organisationen von Glasl und Lievegoed ein Stufenmodell. Jede der vier Phasen hat spezifische Merkmale und Aufgaben sowie Krisensymptome bzw. Probleme. Durch die Merkmale und zu bearbeitenden Aufgaben innerhalb einer Phase ergeben sich neue Krisensymptome und Probleme, die die nächste Phase einläuten und in dieser gelöst werden müssen. Dies erfordert immer wieder einen Perspektivenwechsel und Reflexionen, um Maßnahmen und Lösungen zu schaffen. Für das Thema des Leitungswechsels ist dieses Modell sehr hilfreich und wichtig, da der Status einer Organisation auch starken Einfluss auf die erfolgreiche Gestaltung des Wechsels hat und deutlich macht, was von der (neuen) Leitungsperson in der jeweiligen Situation erwartet und gefordert wird.

5 Ergebnisse für erfolgreiche Leitungswechsel in der Umweltbildung/BNE aus den qualitativen Interviews

In diesem Kapitel werden die Ergebnisse der qualitativen Interviews zusammengefasst. Als Voraussetzungen für einen erfolgreichen Wechsel ist in Hinsicht auf den bzw. die Vorgänger/in festzustellen, dass eine frühzeitige Planung des Prozesses und eine Auseinandersetzung mit der geplanten Zukunft erforderlich sind. Die vorherige Leitungsperson sollte sich gemeinsam mit dem Team Gedanken über die Nachfolgegestaltung und den Nachfolgefindungsprozess machen. Der Ausstieg der vorherigen Leitungsperson könnte, gerade bei einer vorherigen identitätsstiftenden Aufgabe und einem Generationswechsel emotional belastend sein, so dass die ehemalige Leitungsperson sich auch über die eigene berufliche als auch private Zukunft Gedanken machen sollte. Eine wesentliche Voraussetzung ist hier das »Loslassen«: Die ehemalige Leitungsperson sollte zur Beendigung der Tätigkeit für sich einen angemessenen Abschluss finden. Wenn möglich, ist es empfehlenswert, dass die ehemalige Leitungsperson noch für Ratschläge und offene Fragen nach der Übergabe zur Verfügung steht.

Voraussetzungen, die auf der Ebene der Strukturen angesiedelt sind, sind zunächst die Akzeptanz für Veränderungen durch die oberste Leitungsebene und des Teams. Außerdem bietet eine bestehende Finanzierung eine gute Basis, damit die nachfolgende Leitungsperson sich zunächst einarbeiten kann. Klare Strukturen sollten innerhalb der Einrichtung, z.B. durch ein vorhandenes Leitbild oder geregelte Zuständigkeiten und Arbeitsbereiche, vorhanden sein oder durch Qualitätssicherungen garantiert werden.

Es sollte nach Möglichkeit genügend Zeit für eine strukturierte Übergabe von Vorgänger/in zu Nachfolger/in angesetzt werden, damit Informationen zu Schlüsselbereichen und -personen übergeben und thematisiert werden können und eine Einarbeitung ermöglicht werden kann. Als hilfreich wurden umfangreiche Dokumentationen über Arbeitsschritte, Prozesse, Methoden und Umgangsweisen, Ansprechpartner/innen, Terminierungen, Fotodokumentationen und Vorlagen benannt.

Angemessene Voraussetzungen für Nachfolger/innen resultieren vor allem aus den vorbereitenden Schritten des Wechsels. So sind Dokumentationen und Ansprechpartner/innen wichtig, um auf Wissensbestände zurückgreifen zu können. Die nachfolgende Leitungsperson muss aber auch dazu bereit sein, sich in die spezifischen Anforderungen der Arbeit des Umweltzentrums einzuarbeiten. Besonders relevant erscheint die Auseinandersetzung mit den Schlüsselbereichen Antragstellung, (Projekt-)Finanzierung und Lobbyarbeit, die für die Branche der Umweltbildung und BNE als charakteristisch benannt werden und für die jede Umweltbildungseinrichtung eine eigene Strategie und Kompetenzen entwickeln muss. Insgesamt sollte die nachfolgende Leitungsperson idealerweise über Kenntnisse in Personalführung, Projektmanagement und Controlling, PR, Drittmittelakquise, Rechnungswesen und Buchhaltung verfügen. Leitungskompetenz, Teamfähigkeit, Repräsentationskompetenz, strategisches Denkvermögen, Verhandlungsgeschick, »Herzblut«, Authentizität, Identifikation mit der Umweltbildung/BNE, Durchhaltevermögen, Empathie und Engagement seien die wünschenswerten Eigenschaften und Kompetenzen einer nachfolgenden Leitungsperson in der Umweltbildung und BNE.

5.1 Bedarfe und Handlungsempfehlungen für Leitungswechsel

In den qualitativen Fallstudien wurde der Frage nachgegangen, ob ein Bedarf bei den entsprechenden Einrichtungen für eine externe Begleitung des Übergabeprozesses besteht oder ob eine Unterstützung rückblickend wünschenswert gewesen wäre.

Die empirische Erhebung ergab, dass sich während der drei Phasen des Leitungswechsels (Vorbereitung, Durchführung, Nachbereitung) jeweils ganz besondere Anforderungen an die Hauptakteure Vorgänger/in, Nachfolger/in und das Team stellen. Die Probleme, die dabei auftreten, können je nach Form und Gründen des Ausstiegs der vorherigen Leitungsperson, Form und Typisierung der Nachfolge, Einrichtungstyp und Entwicklungsstufe der Organisation, vorhandenes Qualitätsmanagement, Konstellation der Akteure, Art/Umfang des Netzwerks, Verteilung von Aufgaben für den Wechsel, Zeitspanne des Wechsels und Budget für den Wechsel bei den Einrichtungen ganz verschieden sein. Besondere Schwierigkeiten bei Leitungsübergaben in Umweltbildungseinrichtungen sind:

- unzureichende Dokumentation der Arbeitsprozesse,
- zeitliche und inhaltliche Lücken bei der Übergabe,
- es werden ungeklärte/unbearbeitete Projekte und Probleme, sogenannte »Altlasten« hinterlassen,
- die Leitungsübergabe kommt nicht zu einem definierten Abschluss und
- die Rollenverteilung bleibt unklar, insbesondere bei Verbleib der vorherigen Leitung in der Einrichtung.

Umwelteinrichtungen sollten deshalb im Vorfeld vor Leitungswechseln Beratung dazu bekommen, welche spezifischen Probleme auftreten können, um ihren Bedarf für externe Unterstützungsmaßnahmen einschätzen zu können.

In qualitativen Interviews in Einrichtungen, die in den letzten fünf Jahren einen Leitungswechsel hatten, wünschten sich die Betroffenen:

- Fortbildungen oder Workshops zum Thema Leitungsposition und -wechsel,
- Austausch und Reflexion mit anderen Umwelteinrichtungen,

- Begleitung des Leitungswechsels sowie
- Empfehlungen und Checklisten für den Leitungswechsel.

Wichtig ist es bei den Leitungswechseln auf die jeweils besonderen Bedarfe der jeweiligen Umweltbildungseinrichtung einzugehen. Im Folgenden werden unsere Handlungsempfehlungen für die Durchführung und Gestaltung von Leitungsübergaben in außerschulischen Umweltbildungseinrichtungen ausgeführt.

5.2 Differenz und Transfer zwischen Vorgänger/in und Nachfolger/in

Insbesondere der Transfer von materiellen und immateriellen Werten und Normen von ehemaliger zu neuer Leitungsperson ist ein besonderer Aspekt beim Generationswechsel. In diesem Zusammenhang wird häufig vom »Erbe« gesprochen und die Frage nach der Weitergabe dieses »Erbes« gestellt (ebd., S. 178). Bei einem Wechsel ist die Annahme und Anerkennung dieses Erbes zwischen Erblasser/innen (ehemalige Leitungsperson bzw. Pionier/in) und Erbenden (neue Leitungsperson) eine wichtige Voraussetzung, da sonst ein Konflikt entsteht, der keine Weiterführung der Organisation bedeuten kann, weil der Wechsel zwischen den Generationen misslingt (ebd., S. 179f.). Das »Erbe« beinhaltet also eine kollektive und ideelle Dimension, die den Leitungswechsel vom Führungswechsel unterscheidet, da es dabei nicht nur um das Umsetzen von Routinen und Strategien geht, sondern eben um den Transfer von Werten und Normen, die die Identität der Organisation prägen (ebd., S. 180). Wechsel in sozialen Dienstleistungsorganisationen und speziell Generationswechsel können im Vergleich zu Wechseln in Wirtschaftsunternehmen aber genauso als Veränderungsstrategie auf der Profil- und Programmebene genutzt werden, um Organisationsentwicklungsprozesse anzustoßen und Lernprozesse der Erneuerung für Organisationen bedeuten, die zusammen mit den Pionieren erarbeitet werden können (ebd., S. 177). Ein »Bruch« und zugleich »Aufbruch zu Neuem« entsteht, der das »Erbe« anerkennt, gleichzeitig aber institutionelle Erneuerung beinhaltet. Dieser »Aufbruch zu Neuem« kann als Chance und ebenso als Risiko betrachtet werden. Einerseits bietet er als Chance eine Kontinuität des sozialen Miteinanders fortzuführen und sich an den »Wandel der Zeit« anzupassen, also auch einen Perspektivenwechsel vorzunehmen. Anderseits birgt er das Risiko Erwartungshaltungen der Pioniere nicht zu erfüllen, so dass Konflikte entstehen. Daher muss die Differenz zwischen Vorgänger/in und Nachfolger/in bei einem Leitungswechsel als Schlüsselkategorie anerkannt werden, um einen erfolgreichen Wechsel zwischen den Generationen zu gestalten (ebd., S. 181).

Das Ende der Pionier- bzw. Gründerphase bzw. der Austritt des Pioniers wird durch sogenannte Krisensymptome und Randprobleme gekennzeichnet. Zu diesen gehören beispielsweise Vergrößerung der Organisation, Erhöhung der Anzahl der Beschäftigten, Erweiterung des Umfangs der Angebote, weitere Zielgruppen werden erschlossen, Abläufe werden komplexer, Koordination von Terminen erschwert sich, Beziehungsstrukturen werden anonymer, Qualitätsminderungen können entstehen und der Pionier kann physisch und psychisch überlastet werden (vgl. Frömming-Ohmke 2005, S. 71). Es entsteht das Randproblem der Systemtransparenz, das die nächste Phase einläutet (vgl. Glasl/Lievegoed 2004, S. 49). Wenn Pioniere die Einrichtung verlassen, kann eine Differenzierungsphase eintreten.

5.3 Nachfolge als Brancheninsider

In Umweltbildungseinrichtungen werden in den nächsten Jahren viele Fälle von einem »unabwendbaren Ausscheiden« aus dem Dienst, infolge von Pensionierung auftreten. Bei Einrichtungen, die von der zukünftig pensionierten Leitungsperson gegründet wurden, findet ein sogenannter Generationswechsel statt. Für den Generationswechsel sind die Nachfolgeregelungen häufig spezieller, da Pioniere durch langjährige Arbeit die Einrichtung erst aufgebaut und nachhaltig durch ihren persönlichen Einsatz geprägt haben. Je nach Trägerstruktur der Einrichtungen kann die Nachfolgeregelung unterschiedlich gestaltet werden. So findet bei Einrichtungen unter öffentlicher Trägerschaft beispielsweise mehrheitlich das übliche Einstellungsverfahren Anwendung, während in Einrichtungen unter privater Trägerschaft z.B. Söhne oder Töchter des bzw. der Pioniere oder andere ausgewählte Personen die neue Leitung übernehmen (vgl. Frömming-Ohmke 2005, S. 191).

Es können vier Typen von Nachfolger/in bestimmt werden: Aufsteiger/in, Quereinsteiger/in, Seiteneinsteiger/in und kollegiale Leitungspersonen – zwei gleichwertige Mitarbeiter/innen übernehmen die Leitungsnachfolge (vgl. Fischer 2001, S. 139, Frömming-Ohmke 2005, S. 33). Am erfolgreichsten werden Aufsteiger/innen, Quereinsteiger/innen und kollegiale Leitungspersonen aufgrund ihrer Brancheninsiderkenntnisse eingeschätzt. Im Folgenden werden exemplarisch anhand des Typus »Aufsteiger/in« die Herausforderungen dieser Rolle ausgeführt:

Aufsteiger/innen stammen aus den eigenen Reihen der Organisation, sie können z.B. ein ehemaliges Teammitglied oder z.B. die stellvertretende Leitungsperson gewesen sein (vgl. Frömming-Ohmke 2005, S. 33). Als Aufsteiger/in bestehen nach Beck (2002) die Vorteile, dass die Einrichtung bereits bekannt und vertraut ist, so dass Kenntnisse über Entscheidungsinterna genutzt werden können und andersherum auch die neue Leitungsperson bereits bekannt ist und das Risiko einer Fehlbesetzung minimiert wird. Darüber hinaus kann die Einarbeitungszeit der neuen Leitungsperson meistens aufgrund ihrer bestehenden Wissensbestände verkürzt werden. Zusätzlich reduzieren sich die Personalbeschaffungskosten sowie die Zeit für den Bewerbungsprozess stark (ebd., S. 34). Aus der Sicht der anderen Mitarbeiter/innen könnten sich sowohl eine positive Verstärkung hinsichtlich Aufstiegsperspektiven als auch Hoffnung und Vertrauen entwickeln, denn der bzw. die Aufsteiger/in kennt »unsere Sorgen« (Fischer 2001, S. 143). Neben diesen positiven Aspekten, bestehen für den bzw. die Aufsteiger/in auch Risiken und Konflikte. Fischer (2001) beschreibt die vier typischen Probleme von Aufsteiger/innen aus den eigenen Reihen. Zu Beginn des Stellenantritts nehmen Aufsteiger/innen ihre neue Rolle als Vorgesetzte/r oder Leitungsperson häufig nicht richtig ein. Das birgt die Gefahr, dass sie ähnlich weiterarbeiten wie zuvor und ihre Führungsaufgaben sowie anstehende Veränderungen, unter dem Druck des ehemaligen Kollegiums, nicht angemessen wahrnehmen und durchsetzen (vgl. Fischer 2001, S. 144). In Verbindung dazu kann das zweite Problem gesetzt werden, das die Delegation von Aufgaben behandelt. Durch die Delegation von Aufgaben wird die Rolle als neue Leitungsperson für das ehemalige Kollegium sicht- und spürbar. Darüber hinaus wissen Aufsteiger/innen über die Situation der Mitarbeiter/innen Bescheid und können dadurch verhindern wollen, diesen noch mehr Arbeit und Aufgaben zuzumuten. Dieses Zurückhalten von Aufgaben erzielt allerdings ständige Überlastungen bei der neuen Leitungsperson, so dass eine systematische Delegation notwendig wird (ebd.).

Die dritte Problematik ist die Nähe und Verbundenheit zum ehemaligen Kollegium oder der Abteilung. Nicht nur die Beziehung zu den Mitarbeiter/innen kann dadurch erschwert oder als belastend erlebt werden, auch die Analyse von Problemen kann durch diese Verbundenheit verschleiert werden. Eine sogenannte »Betriebsblindheit« entsteht und eine objektive Perspektive der Leitungsperson ist kaum mehr möglich (ebd., S. 145). Der zuvor genannte Vorteil des sich Auskennens in der Organisation, kann nach Fischer (2001) auch zum Nachteil bzw. Problem umgekehrt werden, denn durch den bestehenden Wissensbestand, läuft der bzw. die Aufsteiger/in Gefahr zu wenige Fragen zu stellen. Fragen eröffnen aber die Möglichkeit neue Perspektiven zu erlangen und diese dann auch gegenüber den Mitarbeitenden durchzusetzen. Somit neigen Aufsteiger/innen aus den eigenen Reihen, schnell und ohne Systematik auf Erwartungen vom Kollegium und den Mitarbeiter/innen zu reagieren und angestrebte Veränderungen zu behindern (ebd.). Um diesen Risiken entgegen zu wirken, sind Einzel- und Gruppengespräche mit Mitarbeitenden hilfreich, um die Position und den Tätigkeitsbereich der neuen Leitungsperson zu verdeutlichen. Unterstützend sollten angestrebte Veränderungen in einer Zielelandschaft der Organisation offen gegenüber den Mitarbeiter/innen kommuniziert werden und erste Enttäuschungen ausgehalten werden. Darüber hinaus könnten Gespräche zwischen der neuen Leitungsperson, der oberen Leitungsebene und weiteren Abteilungen der Organisation helfen, Erwartungen an die neue Rolle zu klären und besser umsetzen zu können (ebd., S. 145f.). Auch externe Beratungen können dazu genutzt werden, das Betriebsklima mithilfe von angepassten Kommunikations- und Verhaltensweisen der neuen Leitungsperson zu steuern und zu verbessern (ebd., S. 148).

5.4 Beteiligte Akteure und ihre Aufgaben

An einem Leitungswechsel können in einer Einrichtung bis zu sieben verschiedene Akteure beteiligt sein, die während des Wechsels verschiedene Aufgaben übernehmen müssen. Dies sind:

1. oberste Leitungsebene (beispielsweise Träger, Vorstand, Geschäftsführung),
2. Vorgänger/in,
3. Stellvertretung,
4. Qualitätsbeauftragte/r,
5. Nachfolger/in,
6. Team sowie
7. interne und externe Bezugsgruppen (beispielsweise Kooperationspartner/innen, Klientel usw.) (vgl. Frömming-Ohmke 2005, S. 20).

Es wurde im vorherigen Unterkapitel deutlich, dass jede Art der Übernahme der neuen Leitung ihre spezifischen Vor- und Nachteile, Potentiale und mögliche Schwierigkeiten hat. Diese sollten im Übergabeprozess bezogen auf die vier möglichen Rollen (Aufsteiger/in, Quereinsteiger/in, Seiteneinsteiger/in und kollegiale Leitungspersonen) vorausschauend betrachtet, genutzt oder bearbeitet werden. Die Prozesse des Leitungswechsels sollten an die Form und Typisierung der Nachfolge sowie an die Konstellation der Akteure angepasst werden. Hierfür benötigen die Beteiligten Schulungen, Coachings und Workshops um die Potentiale der Konstellation besser nutzen und Problembereiche verhindern zu können. Bei größeren Schwierigkeiten/Konflikten sind Mediationen erforderlich.

Zur Überwindung klarer Problemsituationen oder schwieriger Aufgaben, die sich im Verlauf der Wechselsituation ergeben könnten, sollten das Gesamtteam oder einzelne stärker Betroffene eine Supervision nutzen.

Ein wichtiges Erfolgskriterium ist es, Überlegungen zu ermöglichen, die die organisatorische und fachliche Einbeziehung aller Beteiligten (oberste Leitungsebene, Vorgänger/in, Nachfolger/in, vorhandenes Team, ...) zulässt, um diese für die Planung und Durchführung der Übergabe zu nutzen.

Da Leitungswechsel selten von statten gehen, ist den Beteiligten ihre Rolle im Prozess und die zu erfüllenden Aufgaben hierfür oftmals nicht klar. Hierfür sind verschiedene interne und externe Schulungen zu empfehlen. Extern wären vor allem Seminare für die oberste Leitungsebene, Stellvertreter/innen und Qualitätsbeauftragte denkbar. Klare Zuständigkeiten, Transparenz und eine Festlegung der Aufgaben der beteiligten Akteure sind für alle Phasen der Übergabe essentiell. Es ist auch wichtig, dass diese abgestimmt und transparent sind.

In der Zeit des Wechsels haben die Beteiligten unterschiedliche Herausforderungen zu bewältigen. Im günstigsten Fall nehmen sie folgende Aufgaben wahr: Vorgänger/innen sollten z.B.:

- den Ausstieg ankündigen,
- die Bewerberrekrutierung begleiten,
- den Einarbeitungsprozess begleiten (z.B. Überlappungszeit),
- Ziele der Verantwortungsbereiche dokumentieren,
- Vorgänge und Personen dokumentieren und
- sich eindeutig verabschieden, wenn es soweit ist.

Das Team muss in der Übergangsphase Veränderungen aushalten, offen und gesprächsbereit sein, die neue Leitungsperson annehmen und sich bei auftretenden Schwierigkeiten gegenseitig unterstützen. Nachfolger/innen sollten sobald wie möglich vor Ort Schlüsselbeziehungen aufbauen, Leitungsidentität entwickeln und Leitungsaufgaben wahrnehmen.

Der Erfolg der Wechselsituation wird zum wesentlichen Teil von der nachfolgenden Leitungsperson getragen, die Rahmenbedingungen bzw. Einflussfaktoren erleichtern oder erschweren die Situation jedoch maßgeblich. Als besonders markant und wichtig für Nachfolger/innen haben sich die Gestaltung von Schlüsselbereichen und -beziehungen herausgestellt. Hinsichtlich eines Generationswechsels ist die Anerkennung von Differenzen besonders wichtig, aber auch der Transfer von Werten und Normen.

5.5 Zeitbudget und Kosten des Wechsel

Aus dem jeweiligen »Setting« der Leitungsübergabe können im Vorfeld Kosten und Budget geplant werden. Der Zeitbedarf für den Wechsel mit Vorbereitung, Übergabe und erfolgreicher Übernahme der neuen Leitung kann je nach Organisation ganz verschieden sein. Der Zeitaufwand muss vorrausschauend geplant werden und an die jeweilige Einrichtung und die Umstände des Wechsels angepasst werden. Ist es ein Auf-, Quer- oder Seiteneinstieg? Wird der/die Vorgänger/in nach Einstieg der neuen Leitungsperson erreichbar sein?

Extern begleitete Maßnahmen von Coaching, über Workshops, Supervision oder Mentoring kosten Geld, die in den Einrichtungen vermutlich nicht vorhanden sind. Hier ist Förderung erforderlich. Hinzu kommt eine zeitliche Belastung der Beschäftigten in der Einrichtung, die eventuell auch an der Ausführung von Akquise, Tätigkeiten und Kursangeboten hindern kann.

5.6 Ausstieg der vorherigen Leitungsperson

Wünschenswert ist es, wenn Vorgänger/innen während der Umbruchphase in einem klar definierten Rahmen erreichbar sind. Ebenso zu empfehlen ist es, dass die neuen Zuständigkeiten geklärt werden und allen Beteiligten transparent gemacht werden. Schwierigkeiten können zum einen entstehen, wenn Vorgänger/innen nicht mehr erreicht werden können; zum anderen wenn sie weiterhin in der Einrichtung stark aktiv bleiben und die neue Aufgabensituation, sowie die neuen Zuständigkeiten nicht geklärt oder den Beteiligten nicht transparent und klar sind.

Schwierigkeiten entstehen auch dadurch, wenn Vorgänger/innen ihre alte Leitungsrolle nach der Übergabe nicht aufgeben und ihre neue Rolle nicht annehmen. Ebenso treten Schwierigkeiten auf wenn Nachfolger die neue Leitungsrolle nicht annehmen oder in dieser keine Akzeptanz erfahren. Hierfür sind je nach Konstellation des Leitungswechsels unterschiedliche Problembereiche vorrausschauend zu vermeiden.

5.7 Zugang zum Netzwerk

Das vorhandene Netzwerk aus regionalen, länderspezifischen und nationalen Stakeholdern aus Politik, Wirtschaft, Förderlandschaft und Verbänden kann für den Erfolg der Umweltbildungseinrichtung entscheidend sein. Der Zugang zum Netzwerk ist beim Übergabeprozess durch Vorgänger/in und Team zu unterstützen.

6 Unterstützungsmaßnahmen für Wechsel und Einarbeitung der neuen Leitung

Unterstützende Maßnahmen der Begleitung bei Leitungswechseln können in interne und externe Formen unterschieden werden. Während interne Begleitungen eher mit Einarbeitungsmethoden durch organisationsinterne Personen, wie z.B. die oberste Leitungsebene, Vorgänger/in, Stellvertretung oder ausgewählte Beschäftigte zu vergleichen sind, wird bei externen Begleitungsformen eine fremde Person, die nicht zur Organisation gehört zur Unterstützung hinzugezogen, beispielsweise Coaches, Mediator/innen o.ä. (vgl. Frömming-Ohmke 2005, S. 177).

Speziell bei der Bewältigung komplexerer Angelegenheiten oder Unstimmigkeiten können externe Personen zur Beratung oder Verständigung hilfreich sein. Externe Begleitungen sind:

- Fortbildungen,
- Workshops,
- Coachings,
- Supervision und Mediation.

6.1 Fortbildung bzw. Workshops

Fortbildung bzw. Workshops zum Prozess des Wechsels können je nach Gestaltung und Zielsetzungen, Mischformen sein. Konzipieren und moderieren externe Personen Fortbildungen und Workshops handelt es sich um gezielte

Schulungen und Bearbeitungsprozesse, die die gegenwärtigen und zukünftigen Aspekte des Wechsels berücksichtigen und der nachfolgenden Leitungsperson dabei helfen Schlüsselbeziehungen und -bereiche nicht zu vernachlässigen. Geeignete Strategien und Handlungsalternativen werden erarbeitet und je Teilnehmendenumfang und -konstellation ggf. reflektiert.

Interne und externe Formen der Begleitungen sind je nach Wechselsituation hilfreiche Methoden, um den Prozess des Leitungswechsels erfolgreich zu gestalten. Während interne Methoden der Begleitung eher dazu dienen die neue Leitungsperson zusammen mit der Institution oder angehörigen Personen dieser, auf den Wechsel und die Positionsübernahme vorzubereiten, indem Wissen über formelle und informelle Strukturen und Aspekte der Institution sowie die Wechselsituation an sich generiert wird, sind externe Begleitungen bei anspruchsvolleren Situationen, die von Kalkül und strategischem Denken oder Konflikten und Unsicherheit gezeichnet sind, nützlich.

Bei externen Begleitungskonzepten bleibt allerdings die Gefahr, professionalisierte Begleiter/innen nicht von unseriösen Begleitungsangeboten unterscheiden zu können, so dass Zeit und Geld verloren gehen kann (vgl. Becker 1999, S. 430).

Es lohnt sich möglicherweise Mechanismen der Personal- und Organisationsentwicklung zu initiieren, die helfenden Systeme für Wechselprozesse beinhalten und außerdem die Wandlungsfähigkeit von sozialen Dienstleistungsorganisationen (Stichwort: »Lernende Organisation«) berücksichtigen.

6.2 Coaching

Unter dem Begriff Coaching ist eine professionelle, also von einer psychologisch geschulten Person, durchgeführte Prozessberatung zu verstehen. Die Beratungsgespräche finden auf einer persönlichen Ebene statt und umfassen fach- sowie personenbezogene Themen, Fragestellungen und Problematiken.

Neben der beruflichen und persönlichen Weiterentwicklung der neuen Leitungsperson, der Selbst- und Fremdwahrnehmung dieser, dem Umgang mit Konflikten, Veränderungen in der Organisationskultur und anderen Inhalten, gehört in diesem Zusammenhang auch die Förderung und Sicherung des Wechselprozesses und der Überlebensfähigkeit der Organisation dazu. Dabei ist das Ziel des Coachings stets für die neue Leitungsperson Hilfe zur Selbsthilfe zu entwickeln und Selbstverantwortung zu übernehmen (vgl. Becker 1999, S. 421, Frömming-Ohmke 2005, S. 182). Somit wird deutlich, dass der Coach keine Probleme löst, sondern Klient/innen dazu anregt, berät und unterstützt, das eigene Verhalten zu reflektieren und für Probleme eine Lösungsstrategie zu entwickeln und zu bewerten. In Dialogen werden Diagnose- und Interventionsmethoden genutzt, um passgenaue Handlungsstrategien und Lösungen zu erarbeiten, die dann im Berufsalltag umgesetzt werden können.

Die Arbeitsweise eines Coachings wird zeitlich aufeinander abgestimmt und ist von wechselseitiger Offenheit und von Vertrauen geprägt. Die Coachingberater/innen agieren während des Prozesses transparent und mit einer gewissen Distanz zum »Geschehen«, um überparteilich zu bleiben (vgl. Frömming-Ohmke 2005, S. 182f.).

Neben Einzelcoachings gibt es auch Peer- oder Gruppencoachings, an denen mehrere Personen gleichzeitig teilnehmen, z.B. alle Beschäftigten einer Abteilung (vgl. Becker 1999, S423).

Coachings können in Bezug auf den Leitungswechsel von verschiedenen Personen wahrgenommen werden. Frömming-Ohmke (2005) unterscheidet dabei zwischen der obersten Leitungsebene, Nachfolger/in bzw. neue Leitungsperson, Stellvertretung als Aufsteiger/in und Vorgänger/in (ebd., S. 184). Für die oberste Leitungsebene bzw. Vorgesetzen ist ein Coaching z.B. sinnvoll, um die Berufsrolle und die dazugehörigen Anforderungen zu reflektieren und anzupassen. Insbesondere bei anstehenden und schwierigen Leitungswechseln oder bei einer Krise der Organisation kann ein Coaching bei der Bewältigung dieser Problematiken helfen, so dass Handlungspläne für die Zukunft entworfen werden können (ebd.).

Für Nachfolger/in bzw. neue Leitungspersonen bietet das Coaching eine gute Hilfestellung, wenn keine Wechselerfahrungen vorhanden sind oder sich der Wechselprozess aufgrund von Spannungen schwierig gestalten könnte. Bei fehlenden Wechselerfahrungen ist es wichtig, dass die neue Leitungsperson sich einen Überblick über die neue Organisation, neue Arbeitsschwerpunkte und Schlüsselbereiche verschafft und mithilfe des Coachings offene Fragen, Themen und Strategien gezielt angeht. Auch bei schwierigen und spannungsgeladenen Wechseln kann das Coaching die neue Leitungsperson dazu befähigen, schwierige Gespräche mit Bezugsgruppen besser führen zu können und mit Gefühlsreaktionen, wie Angst oder Wut angemessen umzugehen (ebd.).

Darüber hinaus gibt es ein, speziell für den Leitungswechsel entwickeltes »Leadership Transition Coaching«. Dieser Ansatz stammt aus der Wirtschaftsbranche und dient zur Entwicklung einer individuellen Wechselstrategie und zum Kompetenzaufbau, der zur Schärfung des Blickes für Erfolgsfaktoren dient.

Ein Coaching für die Stellvertretung als Aufsteiger/in nimmt eher die Gestaltung und Übernahme der neuen Leitungsrolle in den Fokus. Dabei werden Schlüsselkompetenzen der Rolle analysiert und ggf. modifiziert. In Rollenspielen wird das Leitungsverhalten erprobt und potenzielle Auseinandersetzungen mit Mitarbeiter/innen oder Beschäftigten mit passenden Konfliktlösungsstrategien besprochen. Für Veränderungsprozesse werden Strategien entwickelt und auf Einwände und Risiken geprüft. Fühlt die Stellvertretung als Aufsteiger/in sich in ihren geplanten Handlungen sicher, kann sie diese in der Praxis umsetzen. Das Coaching kann dazu bereits vor und während der Übernahme der Stelle angesetzt werden, um auch in der Vorbereitungs- und Einarbeitungsphase auf die Stellvertretung als Aufsteiger/in einzuwirken (ebd., S. 185).

Soll oder möchte der bzw. die Vorgänger/in bzw. Noch-Leitung gecoacht werden, ist das Coaching in der Regel auf den zukünftigen Ausstieg zu beziehen. Gerade für langjährige Leitungspersonen oder Pioniere einer Organisation kann das Wegfallen einer identitätsstiftenden Arbeit mit gemischten oder schlechten Gefühlen verbunden sein. Um den Ausstieg vorzubereiten und sich gut verabschieden zu können, kann ein Coaching dabei helfen, Ängste abzubauen, den Ausstieg zu akzeptieren und neue Schwerpunkte für einen neuen Lebensabschnitts zu finden (ebd.).

6.3 Transition Workshop

Der sogenannte »Transition Workshop« ist ein Workshop der spezifisch auf den Fall des Führungswechsels ausgelegt ist. Etwa sechs Wochen nach dem Führungswechsel findet dieser Workshop mit der neuen Leitungsperson und dem Kollegium statt (ebd.). Ziel dieser Methode ist es einerseits einen offenen Austausch über Erwartungen zu ermöglichen, Gerüchte und Anspannungen in der Beziehungslandschaft zu reduzieren und Vertrauen aufzubauen und insgesamt die Effizienz der Arbeit zwischen Team und neuen Führungsperson zu steigern (ebd., S. 197). Im Workshop werden dann Möglichkeiten zu Gesprächsrunden eröffnet und es können auch Instrumente wie z.B. der »Heißer Stuhl« genutzt werden, bei der die neue Führungsperson auf dem »heißen Stuhl« sitzt und das Kollegium die Chance hat offene Fragen zu stellen. Typische Fragen können beispielsweise »Was versprechen Sie sich von dieser neuen Rolle?« oder »Wo liegen Ihrer Meinung nach unsere Stärken und Schwächen?« sein (ebd.). Diese Form der Begleitung wird besonders gerne von Unternehmen oder Organisationen mit hoher Workshopkultur genutzt und wird als ein »Instrument zur Entwicklung der Unternehmenskultur« betrachtet (ders., S. 196).

6.4 Vorgeschlagene konkrete Maßnahmen

Es sollten Beratungsangebote entwickelt werden, damit Umweltbildungseinrichtungen im Vorfeld vor Leitungswechseln einschätzen können, welchen Bedarf sie für externe Unterstützungsmaßnahmen haben. Wir empfehlen für interne Begleitungen Schulungen und Transition Workshops zu entwickeln und anzubieten. Viele Einrichtungen werden sich vermutlich aus organisatorischen und finanziellen Gründen für eine interne Begleitung entscheiden. In emotional sehr aufgeladenen Leitungswechseln können externe Angebote sehr hilfreich sein. Hierfür sollten Coaching-Angebote und Transition Workshops entwickelt und angeboten werden. Es sollten Empfehlungen und Checklisten für den Leitungswechsel speziell für Umweltbildungseinrichtungen herausgegeben und verbreitet werden.

7 Fazit

Die Umweltbildung/BNE befindet sich mitten in einem Generationswechsel. Ein Viertel der an der Befragung teilgenommenen Einrichtungen rechnet in den kommenden fünf Jahren mit einem Leitungswechsel. Wichtig ist es bei den Leitungswechseln auf die jeweils besonderen Bedarfe der jeweiligen Umweltbildungseinrichtung einzugehen. Die Probleme, die auftreten, können je nach Form und Gründen des Ausstiegs der vorherigen Leitungsperson, Form und Typisierung der Nachfolge, Einrichtungstyp und Entwicklungsstufe der Organisation, vorhandenes Qualitätsmanagement, Konstellation der Akteure, Art/Umfang des Netzwerks, Verteilung von Aufgaben für den Wechsel, Zeitspanne des Wechsels und Budget für den Wechsel bei den Einrichtungen ganz verschieden sein. Besondere Schwierigkeiten bei Leitungswechseln in Umweltbildungseinrichtungen sind:

- unzureichende Dokumentation der Arbeitsprozesse,
- zeitliche und inhaltliche Lücken bei der Übergabe,
- es werden ungeklärte/unbearbeitete Projekte und Probleme, sogenannte »Altlasten« hinterlassen,
- die Leitungswechsel kommt nicht zu einem definierten Abschluss und
- die Rollenverteilung bleibt unklar, insbesondere bei Verbleib der vorherigen Leitung in der Einrichtung.

Umweltbildungseinrichtungen sollten deshalb im Vorfeld vor Leitungswechsel Beratung bekommen, welche Probleme hierbei auftreten können, damit sie ihren Bedarf für externe Unterstützungsmaßnahmen einschätzen können.

Hierfür benötigen die Beteiligten Schulungen, Coachings und Workshops um die Potentiale der Konstellation besser nutzen und Problembereiche verhindern zu können. Bei größeren Schwierigkeiten/Konflikten sind Mediationen erforderlich. Zur Überwindung klarer Problemsituationen oder schwieriger Aufgaben, die im Verlauf des Wechsels auftreten, könnten auch Supervision herangezogen werden.

Die Differenz und der Transfer zwischen Vorgänger/in und Nachfolger/in sind zu identifizieren und zu »bearbeiten« (z.B. in Transition Workshops). Der Erfolg des Leitungswechsels hängt ganz wesentlich davon ab, inwieweit dies für Organisationsentwicklungsprozesse transparent gemacht und genutzt wird.

8 Literatur

ANU (2015): Qualitätsentwicklung in der außerschulischen Umweltbildung. Internes, unveröffentlichtes Papier auf Basis von Expertenbefragungen. Frankfurt.

Alke, Mathias (2014): Aufbruch zu Neuen? Generationswechsel in der Weiterbildung aus einer organisationspädagogischen Perspektive am Beispiel von Bildungswerken in freier Trägerschaft. In: Weber, S. Maria; Göhlich, Michael et al. (Hrsg.): Organisation und das Neue. Organisation und Pädagogik 15. Wiesbaden: Springer Fachmedien, S. 173 - 182.

Beck, Christoph (2002): Personalauswahlgespräch. In: Maess, Kerstin; Franke, Dietmar (Hrsg.): Das Personaljahrbuch 2002. Kapitel IV: Personalbeschaffung und -auswahl. Neuwied: Luchterhand.

Becker, Manfred (1999): Personalentwicklung. Bildung, Förderung und Organisationsentwicklung in Theorie und Praxis. 2., überarb. und erw. Aufl. Stuttgart: Schäffer-Poeschel Verlag.

Doppler Klaus; Lauterburg Christoph (2002): Change Management. 10. Aufl. Frankfurt am Main: Campus Verlag. zitiert nach: Frömming-Ohmke, Regina (2010): So gestalten Sie einen Leitungswechsel kompetent und erfolgreich: Ein Handbuch für Leitungsverantwortliche in ambulanten und stationären

Einrichtungen der Kranken- und Altenpflege. Hannover: Schlütersche Verlagsgesellschaft.

Fischer, Peter (2001): Neu auf dem Chefsessel. Erfolgreich durch die ersten 100 Tage. München: Redline Wirtschaft, Finanzbuch Verlag GmbH.

Fischer, Peter (2006): Führungswechsel – eine Schlüsselkompetenz modernen Managements. In: Riekhof, Hans-Christian: Strategien der Personalentwicklung. Wiesbaden: Betriebswirtschaftlicher Verlag Dr. Thomas Gabler/GWV Fachverlage GmbH, S. 191 - 200.

Frömming-Ohmke, Regina (2010): So gestalten Sie einen Leitungswechsel kompetent und erfolgreich: Ein Handbuch für Leitungsverantwortliche in ambulanten und stationären Einrichtungen der Kranken- und Altenpflege. Hannover: Schlütersche Verlagsgesellschaft.

Glasl, Friedrich; Lievegoed, Bernard (2004): Dynamische Unternehmensentwicklung. Grundlagen für nachhaltiges Chance Management. 3., überarb. und erw. Aufl. Bern: Haupt Verlag.

Lahusen, Christian; Stark, Carsten (2010): Die funktionalistische Analyse sozialer personenbezogener Dienstleistungsorganisationen. In: Klatetzki, Thomas: Soziale personenbezogene Dienstleistungsorganisationen. Weinheim: VS Verlag für Sozialwissenschaften. Springer Fachmedien, S. 168 - 197.

Logemann, Jannes; Logemann, Julia (2016): Qualitätsstandards und die Gestaltung von Leitungswechseln in Einrichtungen der außerschulischen Umweltbildung – Erkenntnisse aus empirischer Forschung. Masterarbeit. Bremen.

Michael Ross/Christoph Strawe (2011): Organisation und Entwicklung. Organisationsentwicklung als soziale Gestaltungsaufgabe. In: Sozialimpulse 2 /11; Stuttgart, S. 5 - 10.

Zech, Rainer (2009): Selbstbeschreibungen und Fremdbeschreibungen: Erste Ergebnisse einer erwachsenenpädagogischen Organisationsforschung. In: MAGAZIN erwachsenenbildung.at, Ausgabe 7/8. Wien. S. 14-1 bis 14-2 abrufbar: http://www.erwachsenenbildung.at/magazin/09-7u8/meb09-7u8.pdf.

Personalausstattung und Beschäftigungsverhältnisse in Einrichtungen der Umweltbildung/BNE

Jessica Blings, Lilith Wilkening

1 Wie sind die Rahmenbedingungen heutiger Umweltbildungsarbeit beschaffen?

Der Bildungsansatz in der Umweltbildung gewinnt hinsichtlich des Phänomens des Klimawandels sowie der Bewusstseins- und Bereitschaftssteigerung im Sinne des Handlungsprinzips Nachhaltigkeit immer mehr an Priorität und Relevanz. Die Aufgabe der Umweltbildung innerhalb der Bildungslandschaft besteht aus der Vermittlung eines verantwortungsbewussten und nachhaltigen Umgangs mit der Umwelt und ihren natürlichen Ressourcen. Zunehmend orientiert sich die Umweltbildung am Leitbild der nachhaltigen Entwicklung. Deutschlandweit existiert eine hohe Vielfalt von Umweltbildungszentren und deren Akteuren. Es stellt sich dabei die Frage, wie die Zentren für diese wichtige gesellschaftliche Aufgabe aufgestellt sind. Unter welchen Rahmenbedingungen findet Umweltbildungsarbeit heute statt? Wie stehen die Zentren strukturell dar? Welche Personalausstattung haben sie, wie sind die Qualifikationen und die Beschäftigungsverhältnisse?

1.1 Personalausstattung und Professionalisierungsdiskussion

Im Hinblick auf die Professionalisierungs- und Professionalitätsdebatte innerhalb der außerschulische Umweltbildung/Bildung für nachhaltige Entwicklung (BNE) stellt Gertrud Wolf fest, dass die starke Heterogenität innerhalb dieses Feldes eine gefestigte Identitätsbildung verhindert hat. Es herrscht eine große Vielfalt im Hinblick auf die Akteure, Methoden oder Inhalte in der Umweltbildung/BNE, die eine Professionalisierung der Disziplin erschweren (Wolf 2006, S. 143ff.).

Ebenso beschreibt Giesel et al. die große Lücke zwischen der hohen Qualifizierung, meist im naturwissenschaftlichen Bereich, und der mangelnden Professionalisierung in pädagogischer Hinsicht. So fehlt es oftmals an fundiertem pädagogischen Fachwissen oder Fertigkeiten in der Methodik oder Didaktik (vgl. Kusel 2010, S. 31). Um eine Professionalisierung in diesem Bereich anzustreben, plädieren Bittner et al. für angemessene Weiterbildungsmaßnahmen (vgl. Bittner/Laux 2009, S. 351f.).

Das Feld der Akteure in der Umweltbildung/BNE und seiner weitreichenden Facetten ist gegenwärtig noch wenig erforscht. Insbesondere fehlen aktuelle Forschungsansätze über die Personal- und Organisationsstrukturen der Umweltbildungseinrichtungen mit Blick auf die Leitungsebenen. Die zwei umfassendsten Erhebungen von Katharina Giesel, Gerhard de Haan und Horst Rode (2002) und Gerd Michelsen, Horst Rode, Maya Wendler und Alexander Bittner (2013) geben eine gute Übersicht zum Personalbestand, zur Tätigkeit des pädagogischen Personals im Feld der BNE und dessen Weiterbildungssituation.

Die Arbeit von Giesel, de Haan und Rode (2002) ist eine deutschlandweite umfassende Bestandsaufnahme zur außerschulischen Umweltbildung. Neben der Erfassung der Potentiale und Aktivitäten in deutschen Umweltbildungseinrichtungen war ein weiteres Ziel der Studie, die Auswirkung und Verankerung der Agenda 21 in den Einrichtungen zu untersuchen (vgl. Giesel et al. 2002, S. 41). Diese breitgefächerte Studie gliedert sich in sechs Teilbefragungen. Innerhalb der Institutionsbefragung konnten 2856 Fragebögen ausgewertet werden. Das Umweltbildungsangebot, die finanzielle und personelle Situation und die grundsätzliche Lage der jeweiligen Umweltbildungseinrichtungen sind Gegenstand dieser Teilbefragung (vgl. ebd., S. 44ff.). Der zweite Bereich, eine Mitarbeiterbefragung, mit rund 642 ausgewerteten Fragebögen, umfasst die Erhebung der Qualifikationsstruktur, Professionalitätsmustern und Professionalisierungstendenzen. Im speziellen wurde nach der Beschäftigungsform- und -grad, den Ausbildungs- und Tätigkeitsprofilen, nach Weiterbildungsmaßnahmen und -notwendigkeiten sowie nach aktuellen Angeboten und Kooperationsformen gefragt. Außerdem beinhaltet die Studie eine Teilnehmerbefragung mit 353 Fragebögen, eine Bevölkerungs- und Lehrerbefragung mit 350 ausgewerteten Telefonumfragen sowie eine Leitbildstudie mit 89 leitfadengestützten Experteninterviews und einem intensiven Expertendialog, realisiert durch zwei Zukunftswerkstätten und sechs Qualitätszirkel (vgl. ebd., S. 44ff.).

Die zweite große Erhebung ist jüngeren Datums und hat einen etwas anderen Fokus. Sie befasst sich vor allem mit der Beschreibung vorhandener Strukturen und Angeboten von Einrichtungen der außerschulischen Bildung für nachhaltige Entwicklung und nahestehender Bereiche (vgl. Michelsen et al. 2013, S. 37). Zur Erhebung der Daten wurde eine Kombination aus quantitativen und qualitativen Methoden genutzt, insgesamt eine Stichprobe bestehend aus 1666 ausgewerteten Fragebögen und 31 leitfadengestützten Interviews verschiedener Anbieter (vgl. Michelsen et al. 2013, S. 38).

Die ANU hat in ihrer Datenbank insgesamt 360 Mitgliedseinrichtungen und kann insgesamt rd. 850 Einrichtungen/bzw. Abteilungen für Bildungsarbeit kontaktieren. Nach Michelsen et al. (ebd.) sind in Deutschland in der Umweltbildung/Bildung für nachhaltige Entwicklung (BNE) ca. 67.000 Personen bei 1157 Anbietern beschäftigt, dabei beziehen sich die Angaben auf alle Einrichtungen, die Auskunft über ihren Personalbestand gegeben haben. In unserer Studie wurden insgesamt 846 Einrichtungen bzw. Bildungsabteilungen der außerschulischen Umweltbildung und 750 Einzelpersonen aus der Datenbank der Arbeitsgemeinschaft Natur- und Umweltbildung e.V. (ANU) angeschrieben. Zudem erfolgte ein Teilnahmeaufruf im ANU-Infodienst an 3200 Abonnent/innen. Das bedeutet, unsere Studie fokussiert Einrichtungen und Einzelpersonen, die Umweltbildungs- und BNE-Arbeit zu ihrem Kerngeschäft zählen. Bei rund 55 Prozent der Stichprobe handelt es sich um Einrichtungen, die neben der Umweltbildung/BNE auch weitere Bereiche in der Bildungsarbeit bedienen. Für 57 Prozent ist Umweltbildung/Bildung nur ein Teilbereich des Gesamtbetriebes.

In diesem Beitrag erfolgt ein Überblick über die gewonnenen Erkenntnisse aus unserer »kleineren« Studie im engeren Kreis der Umweltbildungszentren. Hierbei werden die Ergebnisse unserer Onlinebefragung sowie aus qualitativen Fallstudien herangezogen und diskutiert. Aus der Onlinebefragung liegen Ergebnisse der Befragung der Leitungspersonen von Umweltbildungseinrichtung (n = 191) und der Befragung der Einzelpersonen (n = 197) aus der Umweltbildung vor (siehe auch ersten Beitrag in diesem Buch von Blings). Die Leitungspersonen erhielten einen eigenen Fragebogen mit spezifischen Daten zu den Umwelteinrichtungen. Einige Befragte haben einzelne Fragen oder auch Fragen am Ende des Fragebogens nicht beantwortet, weshalb im Folgenden jeweils die Größe der Stichprobe bei der spezifischen Fragestellung angegeben wird.

Mit Blick auf die Arbeitsaufgaben innerhalb der Einrichtung antworteten 67,2 Prozent der Befragten, sich überwiegend mit dem Bereich Umweltbildung; Bildung für nachhaltige Entwicklung zu beschäftigen. 22,1 Prozent gaben an, nicht hauptsächlich in der Umweltbildung/BNE aktiv zu sein (n = 131).

Die Antworten aus den Einrichtungen waren deutschlandweit verteilt. Dabei kamen die meisten Antworten aus Bayern (80), gefolgt von Nordrhein-Westfalen mit 47 und Hessen mit 31 Antworten (siehe Tabelle 1).

Bundesland	Häufigkeit
Baden-Württemberg	29
Bayern	80
Berlin	6
Brandenburg	16
Bremen	3
Hamburg	19
Hessen	31
Mecklenburg-Vorpommern	16
Niedersachsen	26
Nordrhein-Westfalen	47
Rheinland-Pfalz	20
Saarland	4
Sachsen	5
Sachsen-Anhalt	9
Schleswig-Holstein	16
Thüringen	5

Tabelle 1: Regionale Verteilung der Anbieterantworten

Hinsichtlich der Größe der Einrichtungen wurde innerhalb der Befragung nach deren personeller Besetzung gefragt. Dabei gaben 26,2 Prozent der Leitungspersonen an, mit mehr als fünf hauptamtlichen Mitarbeitern zu arbeiten. Rund 44 Prozent arbeiten mit bis zu fünf hauptamtlichen Beschäftigten. 19,9 Prozent der Antworten kamen hingegen von Einzelpersonen, die sich selbst nicht als freiberuflich Arbeitende eingestuft haben.

1.2 Strukturen der Einrichtungen

Die Umweltbildungseinrichtungen bieten die Strukturen der täglichen Arbeit für Leitungspersonen, Angestellte sowie die Mehrzahl der Honorarkräfte. Die Leistungen der Einrichtungen geben ebenso einen Hinweis auf das Potential der Beschäftigten in der Umweltbildung wie die harten Fakten zu deren Qualifikationen. Im Folgenden möchten wir die Erkenntnisse zu den Einrichtungsstrukturen darstellen.

1.2.1 Besucher/innenzahlen

Im Einzelnen gaben 22,5 Prozent der Einrichtungen an, zwischen 2501 und 5.000 Besucher/innen pro Jahr zu empfangen. Die zweitgrößte Einheit bilden mit 15,4 Prozent Anbieter mit Besucher/innenzahlen von 101 bis 500. Mit jeweils 14,8 Prozent wurden 1.001 bis 2.500 und 5.001 bis 10.000 Besucher/innen genannt. Rund 10 Prozent der befragten Akteure haben jährlich 10.001 bis 15.000 und 6,5 Prozent 20.001 bis 50.000 Besucher/innen bei Umweltbildungsveranstaltungen (siehe Abbildung 1). Dabei gaben 40,8 Prozent an, die Besucher/innenzahlen erfasst zu haben. 10,5 Prozent haben die angegebenen Besucher/innenzahlen geschätzt und 34,6 Prozent diese jeweils zum Teil geschätzt und ermittelt.

Es zeigt sich damit, die jährlichen Besucher/innenzahlen von Umweltbildungsveranstaltungen ohne Ausstellungen variieren sehr zwischen den Einrichtungen. Fast zwei Drittel der Einrichtungen (58,1 Prozent) empfangen jährlich mehr als 2.500 Besucher/innen. Dieses Angebot wird mit einer geringen Anzahl an hauptamtlichen Mitarbeiter/innen erbracht.

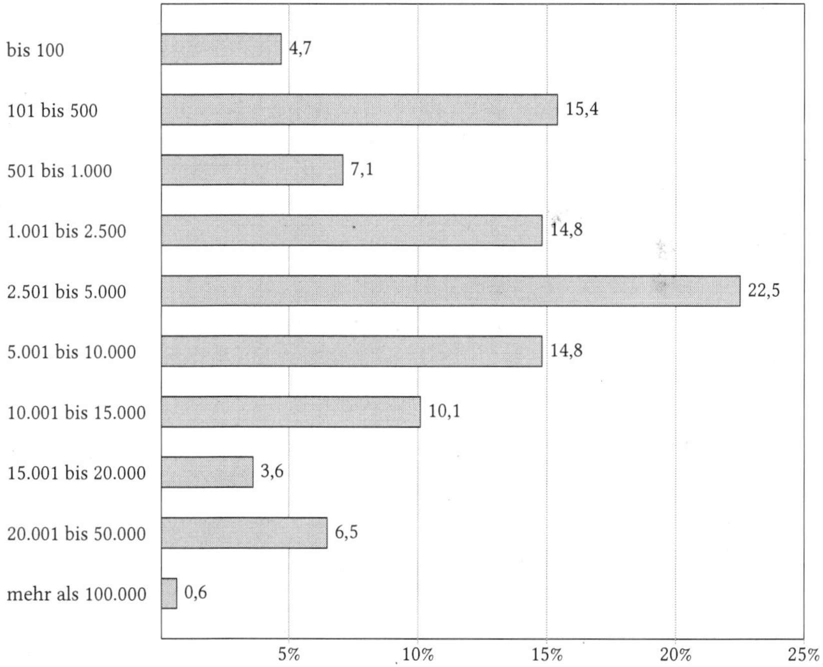

Abbildung 1: Ungefähre Besucher/innen bzw. Teilnehmendenzahlen pro Jahr bei Umweltbildungsveranstaltungen (n = 170)

1.2.2 Inhaltsfelder der Anbieter

Um die fachliche Ausrichtung der Anbieter in der außerschulischen Umweltbildung/BNE darzustellen, wurden Leitungspersonen nach den Inhaltsfeldern des Angebotes befragt. (Es waren Mehrfachnennungen möglich.) Mit 86,3 Prozent zählen Natur- und Umweltschutz, Biologie (80,4 Prozent) und Handlungsfelder für nachhaltige Entwicklung (76,2 Prozent) zu den am häufigsten genannten Inhalten der Zentren. Daran schließen sich Wald/einheimische Tierwelt/Forstwirtschaft mit 74,4 Prozent, Gartenbau/Landwirtschaft/Heilkräuter mit 58,3 Prozent und mit jeweils 56 Prozent Didaktik und Methodik der Umweltbildung und Gestaltungskonzepte für nachhaltige Entwicklung an. Das Feld der künstlerischen Gestaltung, Kultur und Handwerk wird von rund rund 53,6 Prozent der Einrichtungen angeboten (siehe Abbildung 2).

1.2.3 Finanzierung der Einrichtungen

Insgesamt zeigt sich bei der Frage nach der Finanzierung der außerschulischen Umweltbildungseinrichtungen, dass Teilfinanzierungen in diesem Bereich verbreitet sind. Dabei gaben 28 Prozent an, sich durch Drittmittel und 21,7 Prozent mittels anderer öffentlicher Stellen zu finanzieren. 19,8 Prozent erklärten, durch Verbände und Vereine und 15,4 Prozent durch Kommunen teilfinanziert zu sein. Eine Vollfinanzierung durch Drittmittelakquise (2,8 Prozent), per Verbände oder Vereine (3,8 Prozent) oder mittels anderer öffentlicher Stellen (6 Prozent) und Kommunen (2,5 Prozent) wurden weitaus weniger genannt.

1.3 Beschäftigungsverhältnisse

37 Prozent der Befragten ohne Leitungsposition sind Angestellte, 59 Prozent freiberuflich tätig (n = 165). Bei insgesamt 67,2 Prozent der Befragten (inklusive der Leitungsebene) liegt ihr Aufgabenbereich hauptsächlich in der Umweltbildung bzw. Bildung für nachhaltige Entwicklung und bei 22,1 Prozent nicht vorwiegend (n = 131).

Insgesamt zeigt sich bei Michelsen et al., dass gerade einmal 24 Prozent aller Beschäftigten hauptamtlich in Einrichtungen für BNE tätig sind. Dabei wurde nicht zwischen Teil- und Vollzeitstellen unterschieden. Der Großteil der Beschäftigten sind mit 54 Prozent Honorarkräfte (vgl. Michelsen et al. 2013, S. 88). In unserer Studie gaben 64,9 Prozent der freiberuflich tätigen Umweltbildern/innen an, ihr Haupteinkommen nicht in der Umweltbildung zu verdienen.

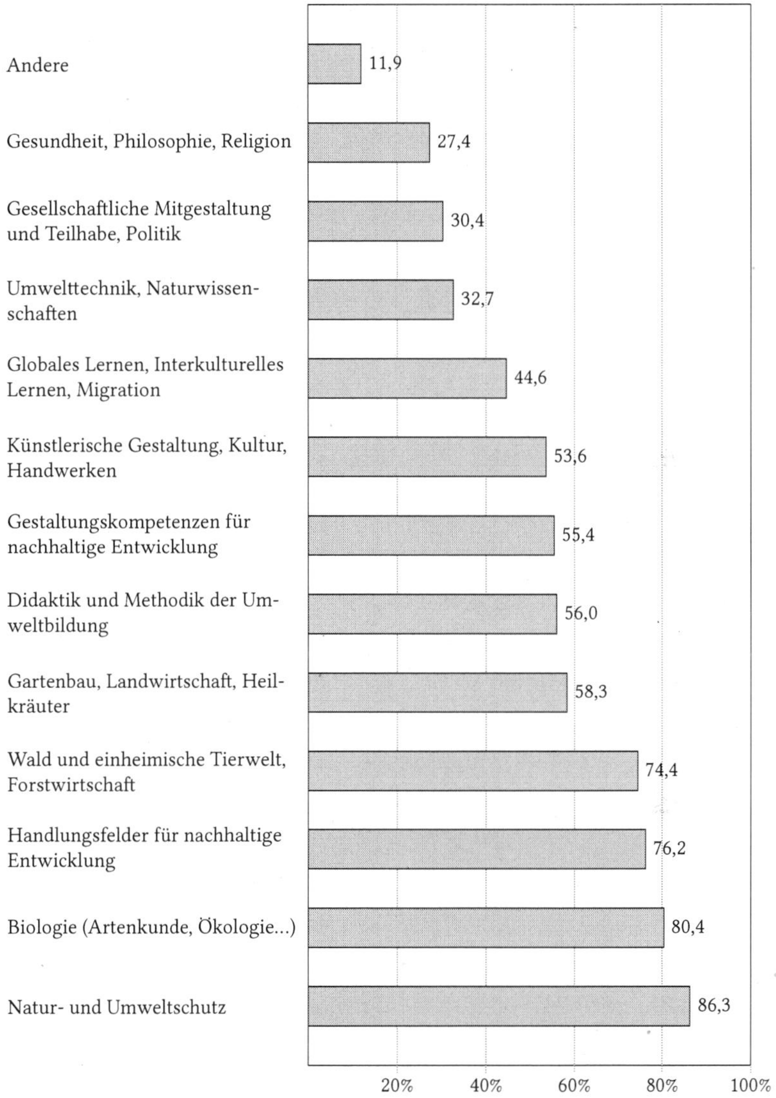

Abbildung 2: Inhaltsfelder des Umweltbildungs-; bzw. BNE-Angebots (n = 168)

55 Prozent der Angestellten gaben in unserer Studie an, vollzeitbeschäftigt zu sein. 36 Prozent der Angestellten sind teilzeitbeschäftigt. Der Rest machte keine Angabe dazu. Befristete Beschäftigungsverhältnisse sind dabei mit ca. 24 Prozent bei den Angestellten höher als bei den Leitungspersonen (13,1 Prozent).

1.4 Nettoeinkommen

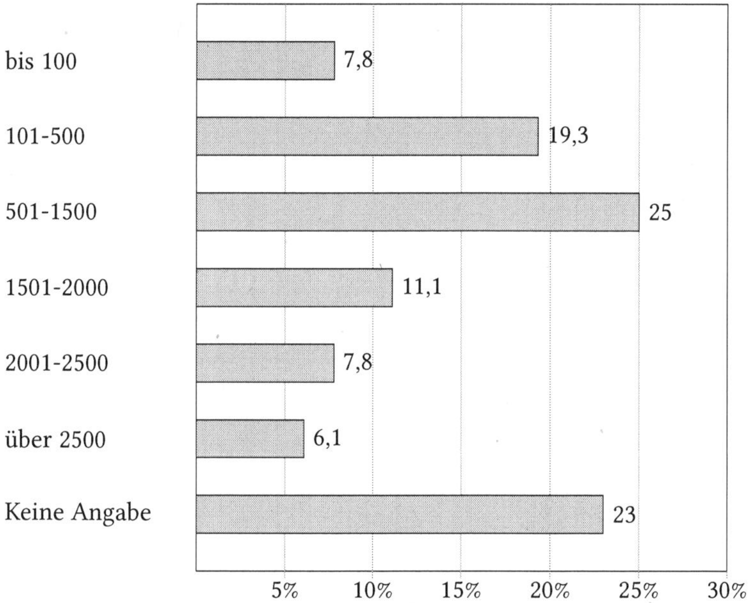

Abbildung 3: Durchschnittliches Monatseinkommen in Euro (n = 296)

Zu ihrem monatlichen Durchschnittseinkommen (netto) gaben insgesamt 228 Personen Auskunft. 25 Prozent der befragten Personen verdienen demnach 501 bis 1500 Euro monatlich (netto). Ein Einkommen von 101 bis 500 Euro erhalten 19,3 Prozent und 7,8 Prozent der Befragten gaben an, unter 100 Euro im Monat zu verdienen. Ein Monatseinkommen von 1501 bis 2000 Euro beziehen 11,1 Prozent, 7,8 Prozent verdienen 2001 bis 2500 Euro und rund 6 Prozent erarbeiten ein durchschnittliches Monatseinkommen von über 2500 Euro (siehe Abb. 3).

Zum monatlichen Einkommen der Mitarbeiter/innen in Umweltbildungszentren hatte bereits Giesel 2001 herausgestellt, dass sich dieses teilweise enorm unterscheidet. Damals verdiente jeder Vierte nur bis zu 1.000 DM, jeder Zehnte aber über 4.000 DM monatlich. Durchschnittlich lag das Monatsgehalt der pädagogischen Mitarbeiter bei ca. 2.200 DM. Auch hier wird bemerkt, dass das Durchschnittseinkommen der pädagogischen Mitarbeiter/innen als gering anzusehen ist – wird der hohe Anteil der Vollzeitbeschäftigung und deren hoher Bildungsgrad berücksichtigt (vgl. Giesel et al. 2001, S. 139).

Die Leitungspersonen gaben ihre Entgeltgruppe – soweit sie Angaben machten - hauptsächlich in Anlehnung an TV-L/TVÖD 9, 10, 11, 12, 13 an. Es ist zu vermuten, dass diese Arbeitsplätze mit dem vorhandenen Aufgabenspektrum, im öffentlichen Dienst bei TV-L 13 und 14 eingestuft würden.

1.5 Qualifikationen

Die Ergebnisse der Onlinebefragung zeigen, dass mit 75,4 Prozent ein Großteil der Befragten einen Hochschulabschluss besitzt. Die hohe fachliche Qualifizierung lässt sich bei allen Statusgruppen feststellen. Ein ähnliches Bild zeigen auch die Ergebnisse der Interviews – so besitzen sieben von acht der pädagogisch arbeitenden Mitarbeiter/innen einen Hochschulabschluss oder studieren aktuell. Eine der Leitungspersonen besitzt eine Promotion. Laut Onlinebefragung gaben 37 Prozent der Befragten an eine berufliche Ausbildung absolviert zu haben – 21 Prozent erklärten sowohl eine Berufsausbildung als auch einen Studienabschluss zu besitzen.

Die Ausrichtung der Studienabschlüsse liegt, laut Onlinebefragung, vornehmlich im naturwissenschaftlich-technischen Bereich. 58 Prozent der Leitungspersonen, 78 Prozent der Freiberuflichen und 65 Prozent der Angestellten geben an, einen Hochschulabschluss der Naturwissenschaften/Geologie/Landwirtschaft oder Forstwirtschaft zu besitzen. Im Bereich Pädagogik absolvierten 20 Prozent der Leitungspersonen, 11 Prozent der Freiberufler/innen und 22 Prozent der Angestellten ein Studium (siehe Tabelle 2). Sowohl Michelsen als auch Giesel beschreiben die hohe Dichte von Mitarbeiter/innen mit akademischen Abschlüssen in der Umweltbildung/BNE (vgl. Giesel et al. 2002, S. 179f./Michelsen et al. 2013, S. 89). Michelsen et al. nennen keine genauen Prozentzahlen. Giesel et al. ermitteln bei 87,5 Prozent der Mitarbeiter/innen Hochschulabschlüsse. Ebenso wurden berufliche Ausbildungen im Vergleich dazu seltener genannt (vgl. Giesel et al. 2002, S. 179f./Michelsen et al. 2013, S. 89). Beachtlich ist nach unserer Ansicht, dass ein Fünftel der Beschäftigten sowohl einen Berufsabschluss und einen Hochschulabschluss besitzen. Das bedeutet, dass sie einen relativ zeitaufwändigen Qualifizierungsweg durchlaufen haben und sicher dadurch auch über ein wertvolles Kompetenzspektrum verfügen.

	Leitungs-personen	Freiberuf-liche	Angestellte
Gesamtzahl der Antworten (n)	*75*	*46*	*23*
Studienabschluss %	78	69	79
Naturwissenschaften; Geo; Landw.; Forst. %	58	78	65
Pädagogen (Lehrer; Pädagogen; Sozialp.) %	20	11	22

Tabelle 2: Hochschulabschlüsse der verschiedenen Statusgruppen

Unter den Berufsabschlüssen finden sich sowohl »grüne Berufe«, Erziehung und Sozialarbeit sowie verschiedenen technische Handwerksberufe und Berufe aus (Tier-)Medizin und Pflege sowie etwas weniger Laborberufe und Büroberufe. Die Berufe zeigen aufgrund des vielfältigen Aufgabenspektrums in der Umweltbildung/BNE größere Schnittmengen zu Bildungs-, Verwaltungs- oder Managementaufgaben in den Einrichtungen.

2 Zusammenfassende Reflexion

Die Arbeit in Einrichtungen für Umweltbildung und Bildung für nachhaltige Entwicklung hat eine hohe gesellschaftliche Bedeutung. Hohe Besucher/innenzahlen belegen, dass die Zentren gut angenommen werden und trotz hoher Anteile an Honorarkräften große Leistungen vollbringen.

Bedenkt man die Erkenntnisse von Wilkening zum Weiterbildungsniveau (siehe vorherigen Beitrag in diesem Buch) und die hier ausgeführten Ergebnisse zu Qualifikationen und Nettoeinkommen, muss festgestellt werden, dass die Entlohnung in dieser Branche unangemessen ist. Dies gefährdet die Professionalisierung des Sektors, da die Gefahr eines Verlustes von hochqualifizierten Kräften besteht. Gesellschaftliche Diskussionsprozesse sind hier zu führen, um Verbesserungen zu erreichen.

Die personelle Ausstattung der Zentren mit einem Großteil an akademisch ausgebildeten Mitarbeiter/innen, die zu einem Fünftel sogar noch einen praktischen (dualen) Berufsabschluss besitzen, bietet großes Potential. Dennoch wird auch deutlich, dass die Art der Beschäftigungsverhältnisse - mit einem Großteil von Honorarkräften - nicht durch Stabilität und Kontinuität gekennzeichnet ist.

3 Literatur

Bittner, Alexander; Laux, Lukas (2009): Zusammenfassung der Arbeitsgruppe IV Bildungszentren im Wandel. In: Brickwedde /Bittner (Hrsg.) (2009): Kindheit und Jugend im Wandel! Umweltbildung im Wandel? 14. Internationale Sommerakademie St. Marienthal. Erich Schmidt Verlag, Berlin. S. 350 - 356.

Giesel, Katharina D.; de Haan, Gerhard; Rode Horst (2002): Umweltbildung in Deutschland – Stand und Trends im außerschulischen Bereich. Heidelberg: Springer Verlag.

Kusel, Janina (2010): Qualitätsentwicklung in der außerschulischen Bildung für eine nachhaltige Entwicklung – Eine exemplarische Untersuchung des schleswig-holsteinischen Zertifizierungsverfahrens zum »Bildungspartner/-zentrum für Nachhaltigkeit«. Diplomarbeit, Leuphana Universität Lüneburg.

Michelsen, Gerd; Rode, Horst; Wendler, Maya; Bittner, Alexander (2013): Außerschulische Bildung für nachhaltige Entwicklung – Eine Bestandsaufnahme am Beginn des 21. Jahrhunderts, oekom verlag, München.

Ausbildungs- und Einstiegswege – Vielfalt erhalten, Transparenz herstellen?

Iris Bredbeck, Jessica Blings

1 Einführung

Interessierte an dem Berufsfeld Umweltbildung/Bildung für nachhaltige Entwicklung stellen sich vielfältige Fragen: Was sollte man als Akteur in der Umweltbildungsarbeit mitbringen? Was für ein Berufs- oder Studienabschluss wäre von Vorteil, um den neuen Herausforderungen und Aufgaben in der Umweltbildung adäquat begegnen zu können? Welche Kompetenzen, Qualifikationen und Fähigkeiten sind besonders für Berufsanfänger/innen hilfreich bzw. notwendig, um einen optimalen Einstieg zu sichern?

Die Arbeit als Akteur in der außerschulischen Umweltbildung/BNE ist durch einen weit gefächerten Einstiegsmöglichkeiten gekennzeichnet. Es gibt nicht den einen Ausbildungsweg, um in der Umweltbildung/BNE zu arbeiten. Insgesamt ist das Feld der Umweltbildung/BNE mit seinen Akteuren speziell was Ausbildungs- und Einstiegswege betrifft, noch sehr wenig erforscht. Ebenso verhält es sich mit den Anforderungen und Kompetenzen, die an zukünftige Absolvent/innen formuliert werden können.

Im folgenden Artikel geben wir einen Überblick über die gewonnen Erkenntnisse aus unserer Studie (vgl. Beitrag Blings) und vergleichen diese in der Auswertung mit den Ergebnissen einer Delphi-Studie aus dem Jahre 2014 (Ambacher/Knapp 2014).

2 Ausbildungswege und Anforderungen an zukünftige Absolvent/innen

In unserer Onlinebefragung (siehe einführenden Beitrag von Blings in diesem Buch) zeigte sich, dass rund 75 Prozent der Befragten einen akademischen Abschluss aufweisen. 21 Prozent haben zusätzlich eine Berufsausbildung absolviert (siehe auch Beitrag Blings/Wilkening in diesem Buch). Die Qualifikation durch naturwissenschaftliche Studiengänge liegt mit durchschnittlich 67 Prozent am höchsten. Innerhalb der Kategorien haben bei den freiberuflich Tätigen mit 78 Prozent überdurchschnittlich viele Befragte einen naturwissenschaftlichen Abschluss. Mit 17,7 Prozent ist der pädagogische Fokus im Studium wesentlich geringer ausgeprägt.

Auch in vergangenen Studien zeigte sich die Dominanz der Hochschul- bzw. Fachhochschulausbildung mit naturwissenschaftlich-technischen Schwerpunkten, vor allem in den klassischen Fächern Biologie, Chemie und Physik im Berufsfeld. Insgesamt wiesen die Akteure innerhalb der außerschulischen Umweltbildung/BNE einen sehr hohen Grad an Qualifikationen auf (vgl. Giesel et al. 2002, S. 180).

2.1 Erforderliche Abschlüsse aus Sicht der Leitungspersonen

Welcher Abschluss benötigt wird, um in der außerschulischen Umweltbildung; BNE tätig zu sein, ist eine der ersten Fragen, die sich zukünftige Absolvent/innen stellen. In unserer Befragung haben wir Leitungspersonen um ihre Einschätzung zu benötigten Abschlüssen gebeten. Sie wurden gefragt, welche Abschlüsse sie für ihre jetzige Tätigkeit in der Umweltbildung/BNE für mindestens notwendig erachten. Es waren mehrere Antwortmöglichkeiten ankreuzbar. Dabei waren 66,7 Prozent der Leitungspersonen der Meinung, dass ein Studienabschluss erforderlich sei (n = 141). An zweiter Stelle stand mit 50,4 Prozent der Nennungen die Weiterbildung. Damit zeigt sich, dass in diesem komplexen Berufsfeld, in dem kein klar vorgegebenes, auf bestimmte Ausbildungsberufe und Studiengänge beruhendes Karriereprofil vorhanden ist, Weiterbildung einen starken Raum einnimmt. Sie ersetzt die »fehlenden« Erstausbildungspfade (noch). 22,7 Prozent gaben weiter einen Berufsabschluss als mindestens notwendig an, um als Berufsanfänger/in in der Umweltbildung/BNE tätig zu sein. Diese nannten auf die Frage welcher Berufsabschluss ratsam wäre, zum einen »grüne Berufe«, z.B. in der Forstwirtschaft, Landwirtschaft oder im Gartenbau. Zum anderen wurde der pädagogische Bereich« genannt, z.B. als Erzieher/in.

2.2 Welcher Studienabschluss führt ins Berufsfeld Umweltbildung; BNE?

In unserer Befragung waren 43 Prozent der Ansicht, dass ein naturwissenschaftliches Studium erforderlich sei (n = 111). Davon fielen 37,5 Prozent der Nennungen auf das Fach Biologie und 31,2 Prozent auf die allgemeinen Naturwissenschaften. Mit 35 Prozent der Antworten wurde ein pädagogisches Studium genannt. Wichtig anzumerken ist, dass 19 Prozent der befragten Personen die Möglichkeit der Mehrfachnennung dahingehend nutzten, sowohl ein pädagogisches als auch ein naturwissenschaftliches Studium als Möglichkeit für einen Berufseinstieg anzugeben.

Das Studium wurde auch innerhalb der Fachtagung zum Projekt als Qualifikationsweg viel diskutiert (siehe ITB 2015). Vertieft wurde dabei der Wunsch einer möglichst praxisnahen akademischen Ausbildung begründet. Dabei stellten die anwesenden Experten in der Diskussion heraus, dass vor allem das Engagement außerhalb des Studiums an der Hochschule in praxisnahen Phasen die zukünftigen Absolvent/innen anschlussfähig für die Praxis mache (siehe ITB 2015).

Die Notwendigkeit einer starken Praxiserfahrung in Studiengängen zeigte sich auch in einer Delphie-Studie. 77 Prozent der hier befragten Experten stuften praxisbezogenes Wissen als sehr wichtig ein und damit auch als wichtiger als Fachwissen, welches nur 59 Prozent der Befragten als sehr wichtig bewerteten. In der Studie wurde weiter konkret gefragt, ob Absolvent/innen mit einem Bachelorabschluss in der Umweltbildung ausreichend qualifiziert seien, um in diesem Arbeitsbereich zu arbeiten. Von 61 Teilnehmer/innen haben 44,3 Prozent angegeben, dass ein Bachelorabschluss ausreichend sei. 34,4 Prozent der Befragungsteilnehmer/innen ist ein Bachelorabschluss nicht genügend (21,3 Prozent machten keine Angabe). Als Begründung für die Verneinung wurde überwiegend angegeben, dass ein Bachelorabschluss nur in Ergänzung mit Praxiserfahrungen genügt und eher als Grundlage zu sehen ist. Besonders für Führungspositionen sei ein Masterabschluss erforderlich (vgl. Ambacher/Knapp 2014, S. 223 f.).

In unserer Studie haben wir die Leitungspersonen gefragt, welche Qualifikation sie im Nachhinein für sich selbst als hilfreich empfunden hätten (n = 82). Dabei gaben 30,5 Prozent leitungsspezifische Fähigkeiten an. Unter den leitungsspezifischen Fähigkeiten wurden zumeist Beispiele aus dem Bereich »Mitarbeiterführung« und »BWL« genannt. Weitere Antworten die unter diesem Punkt zusammengefasst wurden, sind »Management«, »Buchhaltung« und »Marketing«. Nach den leitungsspezifischen Fähigkeiten folgt mit 28 Prozent der Antworten die Pädagogik als Qualifikation. Die Umweltbildung folgt auf Rang drei mit 17,1 Prozent. Der Punkt Umweltbildung schließt auch Nennungen in den Bereichen »Wald-, Kräuter- oder Bauernhofpädagogik« mit ein. Die übrigen 8,5 Prozent der Antworten wurden in der Kategorie »Sonstiges« zusammengefasst (siehe Abbildung 1).

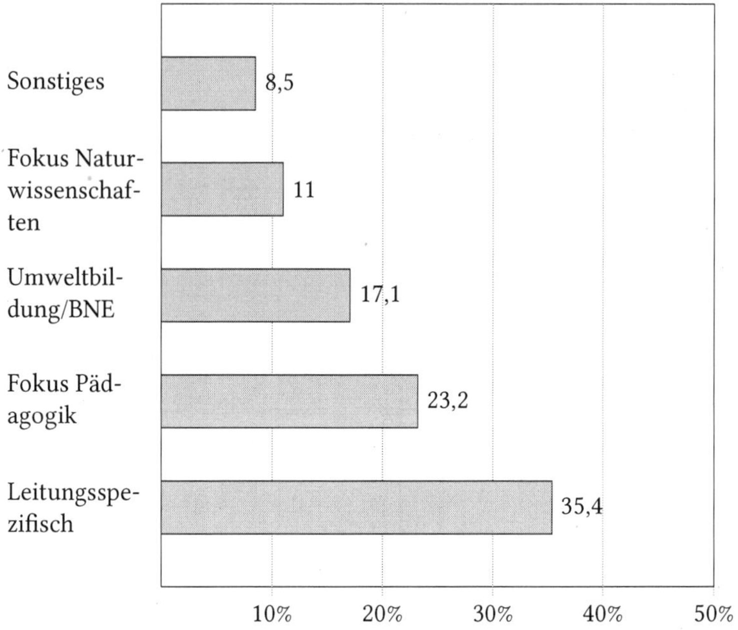

Abbildung 1: Qualifikationen die Leitungspersonen im Nachhinein für sie sich selbst als hilfreich empfunden hätten(n = 82).

Dieselbe Frage wurde auch von 127 sonstigen Beschäftigten in der Umweltbildung ausgefüllt. 41,7 Prozent davon würden zusätzlich eine pädagogische Qualifikation in ihrem derzeitigen Arbeitsbereich hilfreich finden. Die zweitgrößte Kategorie bei der Beantwortung der Frage nahmen die Antworten ein, die sich unter dem Überbegriff »Führungsqualifikation und Betriebsmanagement« zusammenfassen lassen. Diese Kategorie nannten 18 Prozent der Befragten. Beispiele aus der Kategorie sind »BWL«, »Marketing«, »Projektmanagement« und »Fundraising«. 15 Prozent wünschen sich im Nachhinein mehr »grünes« Fachwissen beispielweise aus der Botanik, der Forstwirtschaft und der Landschaftspflege. Eine Qualifikation im Bereich »BNE« wünschen sich 4,7 Prozent der befragten Beschäftigten (siehe Abbildung 2).

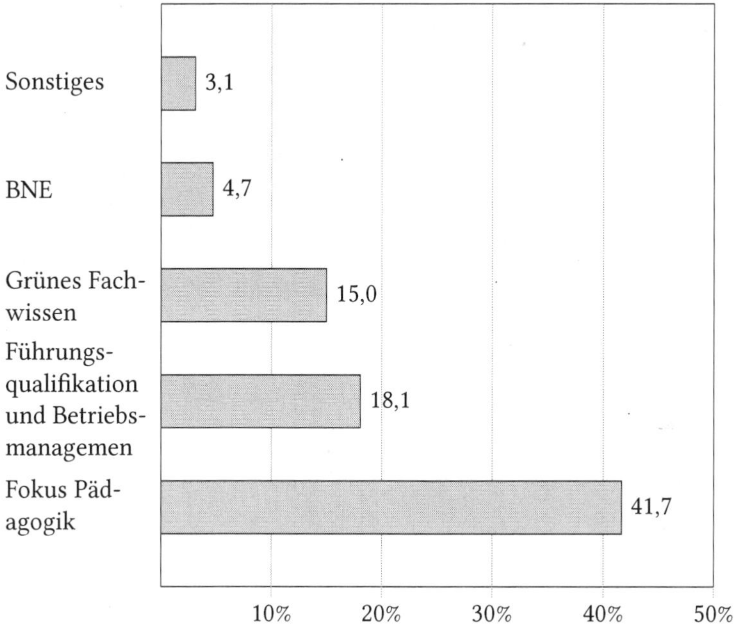

Abbildung 2: Qualifikationen die »Beschäftigte« im Nachhinein für sich selbst als hilfreich empfunden hätten (n = 127).

Wenn die Antworten von den Leitungspersonen und den sonstigen Mitarbeitern verglichen werden, wird erkennbar, dass sich der Fokus der Antworten klar unterscheidet. Im Leitungsbereich ist der Bedarf an Qualifikation im Bereich der Betriebsführung als hoch einzustufen. Naturwissenschaftliche Qualifikationen sind dagegen auf dem letzten Rang. Möglich ist, dass dies aus der bereits fundierten Grundbildung im Bereich Naturwissenschaften bei den Leitungspersonen resultiert und hier deshalb kein Nachholbedarf empfunden wird. Bei den sonstigen Beschäftigten in der Umweltbildung wünschen sich dagegen die meisten der Befragten im Nachhinein eine pädagogische Qualifikation.

In der Delphi-Studie wurde nicht nach alternativen Qualifikationen gefragt, aber nach der für die Befragungsteilnehmer/innen wichtigsten Kompetenz in ihrer Arbeit. Für 17,2 Prozent von 232 Befragten ist es die Fähigkeit zu motivieren und interdisziplinäres Denken. Auf dem zweiten Platz liegen die organisatorischen Fähigkeiten mit 14,7 Prozent. Darauf folgen die Koordination von Arbeitsabläufen und Projekten (10,8 Prozent), Methodenkompetenz (9,9 Prozent), Empathie (9,1 Prozent), Netzwerkbildung (8,2 Prozent), Vorbild sein für

Lernende (5,6 Prozent), Management-Kompetenz (4,7 Prozent) und Marketing (2,6 Prozent) (vgl. Ambacher/Knapp 2014, S.198ff). Der Fokus der Antworten aus der Delphi-Studie lag auf organisatorischen Kompetenzen und Führungsqualifikationen. Diese Antwortkategorie ist vergleichbar mit den Antwortkategorien »Führungsqualifikation und Betriebsmanagement« und »leitungsspezifischen Fähigkeiten« aus unserer Onlinebefragung, die jeweils die zweitgrößten Kategorien der Antworten bildeten.

2.3 Optimaler Einstiegsweg im Rückblick

Gefragt, ob die Befragten persönlich aus heutiger Sicht lieber einen anderen alternativen Einstiegsweg in die Umweltbildung/BNE gewählt hätten, bejahten nur 15,2 Prozent. 66,3 Prozent verneinten dieses (18,5 Prozent machten keine Angabe). Zusätzlich wurde gefragt, welchen Einstiegsweg die Befragten rückblickend als optimal empfinden würden. Bei dieser Frage gab es die Möglichkeit zwischen vorgegeben Antwortmöglichkeiten zu wählen. 22,2 Prozent der Befragten gaben an, dass sie rückblickend einen Studienabschluss im Bereich der Naturwissenschaften und Geographie als optimale Vorbereitung auf ihre aktuelle Tätigkeit wählen würden. 18,1 Prozent sprechen sich hier für die Teilnahme an Weiterbildungsangeboten aus. An dritter Stelle mit 13,2 Prozent der Stimmen ist das Studium der Pädagogik/Lehramt. Zusammen mit dem Studiengang »Sozialarbeit/Sozialpädagogik« kommt die pädagogische Ausrichtung somit auf zusammen 20,8 Prozent.

Das Freiwillig Ökologische Jahr (FÖJ) bewerten 12,5 Prozent als einen guten Einstieg. Ebenso wird ein Praktikum von 8,5 Prozent der Befragten genannt (siehe Abbildung 3).

Bei der Fachtagung wurden nach dem naturwissenschaftlichen Studium als akademische Ausbildung vor allem die sogenannten »Soft Skills« und die eigene Leidenschaft und Begeisterung für den gewählten Beruf als optimaler Einstiegsweg diskutiert. Charakter und Leidenschaft waren nach dem Teilnehmer/innen der Fachtagung wichtiger als Qualifikationen auf dem Papier. Sie suchen Bewerber/innen zwar im ersten Schritt nach ihren Zeugnissen aus, aber danach seien vor allem Authentizität, soziale Kompetenz und die Liebe zur Natur entscheidend für die letztendliche Einstellung. Primär sei es wichtig BNE selbst zu leben, sich selbst aktiv miteinzubringen und sich weiterentwickeln zu wollen.

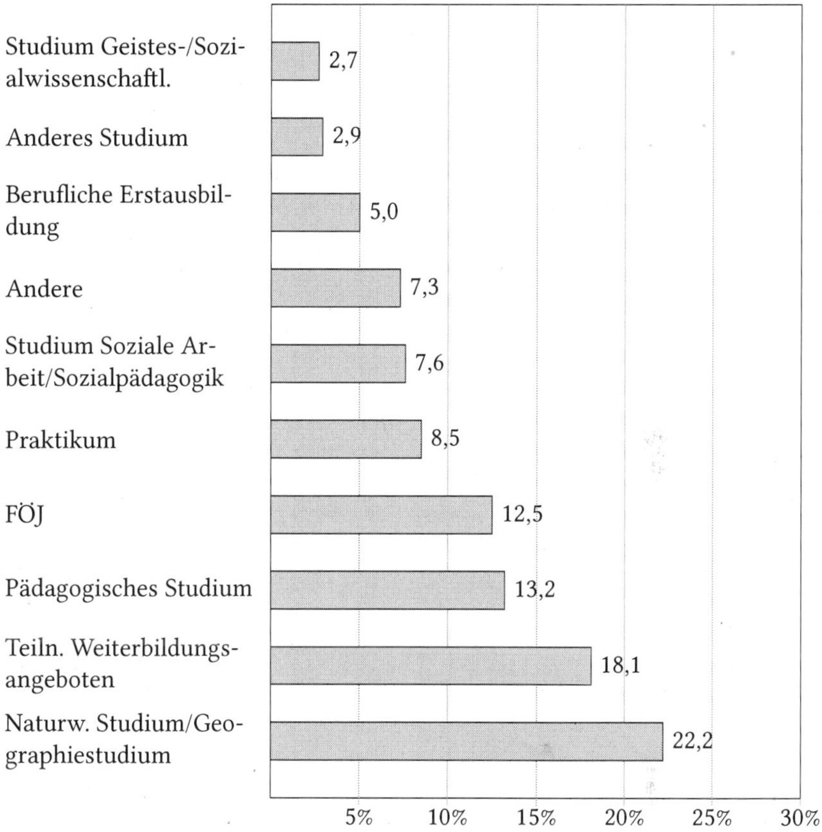

Abbildung 3: Optimaler Einstiegsweg im Rückblick (n = 282)

Dieses Ergebnis spiegelt sich auch in dem Ergebnis der Delphi-Studie wieder. Dort wurden die Teilnehmer/innen gefragt, was ein/e Bewerber/in aufweisen sollte, um eine Einstellungschance zu erhalten. Diese offene Frage wurde von 83 Teilnehmer/innen beantwortet. Nach dem Fachwissen in Umwelt und Landwirtschaft mit 18,1 Prozent der Antworten und praktischen Erfahrungen (13,3 Prozent), folgen vor allem »Soft Skills« wie Teamfähigkeit, soziale Kompetenzen, Begeisterungsfähigkeit und Empathie. Danach wurden Methoden, Didaktik, selbständiges Arbeiten und Management, Projekterfahrung, Organisation genannt. Naturwissenschaftliche grundlegende Kenntnisse sowie Erfahrung mit klientelangepasstem Arbeiten/Arbeiten mit Jugendlichen und Gruppen und wissenschaftliches Arbeiten und Umweltbildung/Naturpädagogik. Die Antworten aus der Delphi-Studie liegen alle sehr nah aneinander. Es wird auf jeden Fall erkennbar, dass »Soft Skills« und soziale Kompetenzen genauso wichtig eingeschätzt werden, wie Fachkenntnisse und Abschlüsse (vgl. Ambacher/Knapp 2014, S. 225).

2.4 Welche Zusatzqualifikationen sind hilfreich?

Weiter wurden die Befragungsteilnehmer/innen aufgefordert anzugeben, welche Qualifikation bzw. Zertifikate sie über die Mindestqualifikationen hinaus als sinnvoll für ihre Mitarbeiter/innen und Honorarkräfte in der Umweltbildung/BNE erachten. Diese geschlossene Frage wurde von 128 Teilnehmer/innen wie folgt beantwortet: 22,6 Prozent haben für BNE und 22,1 Prozent für Naturpädagogik gestimmt. Darauf folgt die Waldpädagogik mit 17,2 Prozent und Natur- und Landschaftsführer/in mit 12,9 Prozent. Mit 7,0 Prozent und 9,2 Prozent wurden Bauernhof- und Kräuterpädagogik genannt (siehe Abbildung 4).

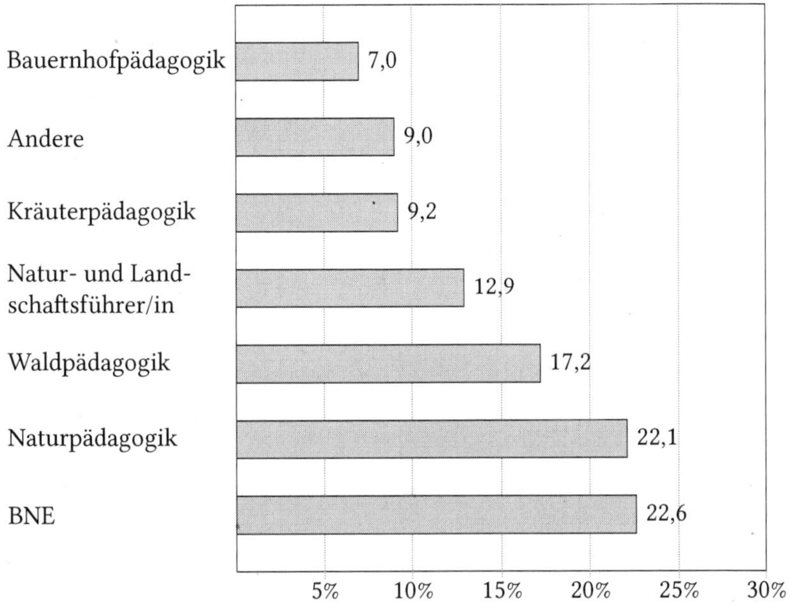

Abbildung 4: Welche Qualifikationen/Zertifikate darüber hinaus sinnvoll für Mitarbeiter/innen und Honorarkräfte in der Umweltbildung/BNE sind (n=128).

2.5 Zusammenfassende Reflexion

Im Berufsfeld ist weiter die Tendenz zur naturwissenschaftlichen Grundqualifikation vorhanden. Ergebnisse von Kusel deuteten auf Defizite im pädagogischen Bereich hin. So fehle es teilweise an fundierten pädagogischen Fachwissen oder Fertigkeiten in der Methodik oder Didaktik (vgl. Kusel 2010, S. 31). Auch Giesel et al. beschrieben schon eine große Lücke zwischen der hohen Qualifizierung im naturwissenschaftlichen Bereich, und den wenig vorhandenen pädagogischen Qualifikationen (vgl. Giesel et al. 2002, S. 179ff.). Unsere Studie bestätigt wieder die Tendenz zur naturwissenschaftlichen Grundqualifikation im Berufsfeld. Allerdings zeigt der Beitrag von Wilkening in diesem Buch auch auf, dass Weiterbildung aktuell eine zentrale Bedeutung hat und sowohl inhaltlich als auch in verschiedenen langen Formaten vielfältig in Anspruch genommen wird. Vor allem Bildung für nachhaltige Entwicklung, Natur- und Waldpädagogik sind viel genutzte Weiterbildungsformate, die die Lücken pädagogischer Grundqualifikationen unserer Ansicht nach schließen können. Weiterbildung ist im Berufsfeld insgesamt von großer Bedeutung, weil es eben noch kein alleiniges, klares Ausbildungs- und Karriereprofil gibt, welches für die Vorbereitung auf die Arbeit in Umweltbildung/BNE gewählt werden kann. Es bleibt festzuhalten, dass die weitere Professionalisierung in diesem Bereich weiter vorangetrieben werden kann, wenn pädagogische Qualifikationen von Ausbildungsbeginn an einen höheren Stellenwert bekommen und Kompetenzen in diesem Bereich als wichtige Anforderung an zukünftige Absolvent/innen formuliert werden.

Die Ergebnisse der qualitativen Befragung und die Fachtagung zeigen, dass der Aufbau von naturwissenschaftlichen in Zusammenhang mit pädagogischen Kompetenzen sehr praxisorientierter, wissenschaftlicher Studiengänge bedarf. Die inhaltliche Ausrichtung und praktische Organisation diser sollte organisatorisch mit den Umweltbildungszentren abgestimmt werden, damit Praxisphasen wirtschaftliche und personell auch ermöglicht werden können. Hier spielen Verlässlichkeit der »praktizierenden Studierenden« über einen definierten Zeitraum sicher ein große Rolle, so dass auch eine Kombination einer dualen Ausbildung im eher pädagogischen Umweltbildungs-/BNE Bereich mit einem anschließendem Studium der Umweltbildung/BNE für Leitungsaufgaben denkbar wäre. Damit wäre auch ein Karriereprofil geschaffen, welches die Umweltbildungszentren als Arbeitsort von Anfang an mit einbezieht.

3 Literatur

Ambacher, Nicole; Knapp, Daniel 2014: Kompetenzen von Hochschulabsolventen aus den Bereichen Lernförderung, Deutsch als Fremd- oder Zweitsprache, Logopädie und Umweltbildung. Eine Delphi-Studie zu Kompetenzprofilen, Entwicklungen des Arbeitsmarktes und Möglichkeiten des Theorie-Praxis-Transfers. Veröffentlicht am: 01.04.2014, aufgerufen am 01.02.2017.

Bittner, Alexander; Laux, Lukas (2009): Zusammenfassung der Arbeitsgruppe IV Bildungszentren im Wandel. In: Brickwedde /Bittner (Hrsg.) (2009): Kindheit und Jugend im Wandel! Umweltbildung im Wandel? 14. Internationale Sommerakademie St. Marienthal. Erich Schmidt Verlag, Berlin. S. 350-356.

Giesel, Katharina D.; de Haan; Gerhard; Rode Horst (2002): Umweltbildung in Deutschland – Stand und Trends im außerschulischen Bereich. Heidelberg: Springer Verlag.

Kusel, Janina (2010): Qualitätsentwicklung in der außerschulischen Bildung für eine nachhaltige Entwicklung – Eine exemplarische Untersuchung des schleswig-holsteinischen Zertifizierungsverfahrens zum »Bildungspartner/-zentrum für Nachhaltigkeit«. Diplomarbeit, Leuphana Universität Lüneburg.

Institut Technik und Bildung, ITB (2015): Dokumentation der Fachtagung »Qualitätsentwicklung in der außerschulischen Umweltbildung« am 12. November 2015 in Bremen. http://www.itb.uni-bremen.de/ccm/projects/projekte/umweltbildung (17.01.2016)

Michelsen, Gerd; Rode, Horst; Wendler, Maya; Bittner, Alexander (2013): Außerschulische Bildung für nachhaltige Entwicklung – Eine Bestandsaufnahme am Beginn des 21. Jahrhunderts, oekom verlag, München.

Weiterbildungsqualifikationen und -bedarf in einem vielfältigen Sektor

Lilith Wilkening

1 Einleitung

Dieser Artikel widmet sich den Themenkomplexen der Weiterbildungsqualifikationen sowie aktuellen Tendenzen des Weiterbildungsbedarfs der Akteure in der außerschulischen Umweltbildung und Bildung für nachhaltige Entwicklung. Weiterführend wird ein Blick auf die damit verbundene Bedeutung der Professionalisierung im Hinblick auf die Qualitätsentwicklung in diesem Bereich geworfen.

Grundlegend für diesen Beitrag ist die empirische Erhebung zum Thema »Personalausstattung und Weiterbildungsbedarf in Einrichtungen der außerschulischen Umweltbildung/Bildung für nachhaltige Entwicklung in Deutschland« innerhalb des Forschungsprojektes »Qualitätsentwicklung in der außerschulischen Umweltbildung – empirische Grundlagen Stakeholderdialoge und Empfehlungen zu Organisationsentwicklung, Übergangsmanagement sowie Aus- und Weiterbildung«. Dabei steht die Frage nach der aktuellen Einschätzung des Weiterbildungsbedarfs und den zu erwartenden Trends im Fokus.

Zunächst soll ein kurzer Überblick zu der Begrifflichkeit der Qualitätsentwicklung sowie dessen Instrumente, die Zertifizierung und Professionalisierung, gegeben werden. Daran schließt sich eine Darstellung des aktuellen Forschungsstands sowie die Präsentation der empirischen Ergebnisse der quantitativen wie qualitativen Erhebung dieses Forschungsprojekts an. Abschließend werden die Ergebnisse im Zusammenhang zur bestehenden Literatur diskutiert und mögliche Handlungsempfehlungen ausgesprochen.

2 Qualitätsentwicklung in der außerschulischen Umweltbildung/BNE

Die große Bedeutung der Bildung für nachhaltige Entwicklung als globales Prozessziel im Sinne der Weltdekade der UN »Bildung für eine nachhaltige Entwicklung«, ist gekennzeichnet durch deren Umsetzung, in den Bildungssystemen der ganzen Welt.

Zur Umsetzung von Bildung für nachhaltige Entwicklung (hier weiter als BNE abgekürzt) eignen sich nach Ute Stoltenberg vor allem außerschulische Bildungsanbieter – begründet durch ihre innovativen Methoden und Arbeitsweisen. Im Gegensatz zu den hierarchischen und leistungsorientierten Strukturen der schulischen Bildung kann die außerschulische Bildung komplexe Fragestellungen in unterschiedlichsten Angeboten – dem Klientel angepasst – erarbeiten (vgl. Stoltenberg 2005, S. 21 f.). Ebendiese Potentiale, die sich durch BNE für außerschulische Bildungsanbieter – insbesondere der Umweltbildung – ergeben, bringen viele neue Herausforderungen mit sich.

Insgesamt scheint die außerschulische Bildung auf der einen Seite durch das Konzept des »lebenslangen Lernens« zunehmend an Einfluss zu gewinnen. Bildung und Lernen findet demnach nicht ausschließlich in Schul- und Ausbildungssystem statt – Lernen wird zur lebenslangen Aufgabe, um die Entwicklung der eigenen Person und die der Gesellschaft zu sichern (vgl. Liebald 2002, S. 2). Andererseits steigt der Konkurrenzdruck zwischen den verschiedenen Anbietern durch die Knappheit von öffentlichen Geldern und befindet sich in einer »Rechtfertigungsschuld für ihre Aktivitäten und die erzielten Lernerfolge bei den Teilnehmenden« (Kusel 2010, S. 3). Ebendieser öffentliche und politische Legitimationsdruck, der auf Einrichtungen der außerschulischen Bildung lastet, führt von einer lehr- und angebotsorientierten Ausrichtung zu einer nachfrage- und lernorientierten Form der Bildungsangebote (vgl. Liebald 2002, S. 2).

Um auf diesen Wandel in gesellschaftlicher und politischer Form adäquat reagieren zu können, sind Verfahren der Qualitätsentwicklung ein probates Mittel. Heino Apel geht zudem davon aus, dass die öffentliche Förderung von außerschulischen Bildungseinrichtungen unter anderem von Qualitätssiegeln abhängig gemacht wird (vgl. Apel 2006, S. 129).

Qualitätsentwicklung besitzt einen prozesshaften Charakter, der fortdauernde Verbesserung und Reflexion anstrebt. Das Ziel der Qualitätsentwicklung wird dabei durch Maßnahmen der Qualitätssicherung sowie des Qualitätsmanagements, der Organisationsentwicklung und der Professionalisierung verfolgt (vgl. Kusel 2010, S. 13). Mit Blick auf die sich ständig ändernden Einfluss- und Umfeldfaktoren der Bildungsanbieter, ist das Qualitätsverständnis innerhalb der Qualitätsentwicklung nicht festgeschrieben, sondern weist eine Wechselhaftigkeit auf (vgl. ebd.). In der Literatur lassen sich zwei verschiedene Formen von Qualitätsentwicklung in der außerschulischen Bildung finden: die organisations- und die professionsbezogene Qualitätsentwicklung.

Erstere bezieht sich auf Prozesse der Organisation, etwa die Optimierung von Arbeitsprozessen durch Qualitätsmanagementsysteme, um Unsicherheiten in Arbeitsprozessen zu vermeiden (vgl. Hartz/Meisel 2011, S. 119 f.). Die professionsbezogene Qualitätsentwicklung hingegen zielt auf das professionelle Handeln von Lehrenden ab – insbesondere im Hinblick auf die pädagogische Qualität. Trotz der verschiedenartigen Referenzformen bedingen sich die beiden Dimensionen der Qualitätsentwicklung. So sind Einrichtungen/Organisationen von der Professionalität ihrer Mitarbeiter/innen und der Qualität ihrer Bildungsangebote geprägt, auf der anderen Seite bedingt die Qualität der Arbeitsbedingungen diese (vgl. Rhode 2009, S. 32).

3 Instrumente der Qualitätsentwicklung – Zertifizierungen

Für die Qualitätsentwicklung existieren unterschiedliche Strategien und Ansätze. Neben dem Qualitätsmanagement und der Organisationsentwicklung gelten auch die Orientierung und Erstellung von Leitbildern als Instrumente der Qualitätsentwicklung. Im Folgenden soll nun explizit auf das Instrument der Zertifizierung eingegangen werden.

Bei Zertifizierungen innerhalb der Qualitätsentwicklung von Einrichtungen oder Freiberufler/innen handelt es sich um Instrumente, die Aspekte des Managements und der Organisationsentwicklung, seltener inhaltliche Ausrichtungen – aufgreifen und als vorläufiger Abschluss von Qualitätsentwicklungsmaßnahmen zu betrachten sind (vgl. Blucha 2009, S. 318ff.). Davon zu unterscheiden sind personenbezogene Zertifikate (in der Umweltbildung/BNE), etwa das Zertifikat Waldpädagogik oder Bauernhofpädagogik, welche eine Bewertung methodischer, fachlicher, sozialer und personeller Kompetenzen vorsieht (vgl. ebd. S. 323). Personenbezogene Zertifikate werden vor allem in der Weiterbildung ausgestellt, sie stellen die häufigste Art der Abschlusszeugnisse dar (vgl. Nuissl 2003, S. 14). Diese Art von Zertifikaten, als Abschluss von Weiterbildungsmaßnahmen, steht im Fokus dieser Arbeit. Die Durchführung von Zertifizierungen innerhalb von Qualitätsentwicklungsprozessen von Einrichtungen oder Freiberuflichen geschieht anhand festgelegter Kriterien, anhand derer die Qualität der Bildungsanbieter meist durch Dritte überprüft wird (vgl. Kusel 2010, S. 17). Das Zertifikat oder Siegel wird dann nach erfolgreichem Bestehen vergeben. Um den wandelnden Anforderungen in der außerschulischen Bildung angemessen begegnen zu können, sind Zertifizierungen in der Regel nur für einen bestimmten Zeitraum gültig. Nach Ablauf der Gültigkeitsdauer besteht die Möglichkeit einer Rezertifizierung unter Steigerung der Kriterien, die ebenso als Motivation der stetigen Qualitätsentwicklung zu sehen ist (vgl. ebd.). Dabei weisen Zertifizierungsverfahren innerhalb von Qualitätsentwicklungsprozessen interne und externe Wirkungseffekte auf. So fördern sie nach innen die Identitätsfindung der Mitarbeiter/innen und dienen der Reflexion und Würdigung der eigenen Angebote und der eigenen Arbeit (vgl. ebd. S. 4). Nach außen dienen sie als Orientierung innerhalb des außerschulischen Bildungsmarktes und als Kommunikationsmittel für die Qualität der Bildungsangebote (vgl. ebd. S. 3). Innerhalb der Bildung für nachhaltige Entwicklung/Umweltbildung haben sich in den letzten Jahren zahlreiche Zertifikate entwickelt. Darunter personenbezogene Zertifizierungen, etwa das Zertifikat Waldpädagogik sowie Zertifikate zur Qualitätsentwicklung, die vorrangig länderspezifisch konzipiert sind (vgl. Michelsen et al. 2013, S. 25). Beispiele für diese länderspezifischen Zertifizierungen für Einrichtungen sind etwa das Qualitätssiegel »Umweltbildung. Bayern« oder »Bildungspartner/innen für Nachhaltigkeit« (NUN) für die Bundesländer Hamburg, Schleswig-Holstein und Mecklenburg-Vorpommern. Innerhalb dieser Zertifizierungen für Bildungseinrichtungen und Freiberufler/innen werden die Qualifikationen sowie eine stetige Weiterbildung der Mitarbeiter/innen als Qualitätskriterium herangezogen.

4 Professionalisierung und Professionalität

Zentral für die Qualitätsdebatte innerhalb der außerschulischen Bildung sind die Begriffe der Profession, Professionalisierung und Professionalität. Gerade der Anspruch der Bildung für nachhaltige Entwicklung »welche[r] Lernprozesse in einem idealistischen – und nicht nur pragmatischen – Sinn zukunftsfähig machen will, so dass Bildung eine besondere Bedeutung für Individuum und Gesellschaft erhält (...)« (Wolf 2006, S. 139) zeigt die Wichtigkeit von Professionalisierung sowie einer pädagogischen Professionalität im Sektor der außerschulischen Umweltbildung/BNE. Professionen bezeichnen in der Regel akademische Berufe, welche sich bestimmter gesellschaftlich relevanter Problemfelder annehmen. Ihr Handeln ordnen sie dabei dem Gemeinwohl – unter Einhaltung bestimmter Werte – unter. Dabei verwalten Professionen bestimmte Wissensbestände und tragen zur Reproduktion eines gesellschaftlichen Teilbereichs durch die Anwendung verfügbarer Wissensbestände bei (vgl. Hartz/Meisel 2011, S. 101).

Professionalisierung meint hingegen »(...) im engen Sinn den Prozess der Entwicklung einer Berufsgruppe in Richtung einer Profession, d. h. einer Berufsgruppe mit einer gewissen Autonomie in der Leistungskontrolle. In einem weiten Sinn bedeutet Professionalisierung den Übergang von Tätigkeiten zu bezahlter Arbeit, die gewissen einklagbaren Qualitätsstandards unterliegt.« (Mieg 2005, S. 342). Dabei benennt Mieg Rahmenbedingungen für Professionalisierung bis hin zur Profession, die in der Regel akademische Berufe meint (vgl. Hartz/Meisel 2011, S. 101). Zunächst ist hier die Existenz eines gesellschaftlich relevanten Problembereichs, welcher mit einem passenden Handlungs- und Erklärungswissen verbunden ist und überdies einen gesellschaftlichen Zentralwert einnimmt, gemeint. Des Weiteren verweist er auf das Vorhandsein einer akademischen Ausbildung sowie einer berufsständischen Vertretung bzw. eines Berufsverbandes (vgl. Mieg 2005, S. 343).

Dieser Prozess der Verberuflichung vollzieht sich auf zwei verschiedenen Ebenen:

1. Die Konstruktion des Berufsbildes sowie dessen rechtliche und politische Anerkennung beschreibt die politische Ebene der Professionalisierung (vgl. Hartz/Meisel 2011, S. 101)

2. Der Erwerb und Aufbau handlungsrelevanter Kompetenzen des Einzelnen, sowie die damit einhergehenden Fragen nach Ausbildungs- und Qualifizierungsverfahren und Kompetenzerwerb beschreibt die individuelle Ebene (vgl. ebd.).

Im Gegensatz zum Prozess der Verberuflichung eines Fachbereiches, der im engeren Sinne die Professionalisierung meint, beschreibt der Begriff der Professionalität »(...) das theoretische und praktische Handlungsverständnis einer Disziplin.« (Wolf 2006, S. 145). Dabei umfasst die Professionalität eine fachkundige sowie flexible Nutzung von Wissen in der Disziplin gepaart mit einem diagnostischen und vernetzten interdisziplinären Handeln (vgl. Gieseke 2011, S. 386). Die Professionalität der Akteure in Bildungseinrichtungen äußert sich so durch eine situationsabhängige Transformation von Können und Wissen – Hartz und Meisel beschreiben dies als »situative Kompetenz« (vgl. Hartz/Meisel 2011, S. 101). Um die Professionalität des Bildungspersonals innerhalb der Umweltbildung/BNE zu fördern und somit eine beständige Qualität der Bildungsangebote zu erreichen, nehmen Weiterbildungen zunehmend eine wichtige Rolle innerhalb der Qualitätsdebatte ein.

5 Stand der Forschung

Das Feld der Akteure in der Umweltbildung/Bildung für nachhaltige Entwicklung und seiner weitreichenden Facetten ist gegenwärtig noch wenig erforscht. Insbesondere fehlen aktuelle Forschungsansätze über die Personal- und Organisationsstrukturen der Umweltbildungseinrichtungen mit Blick auf die Leitungsebenen oder eine differenzierte Erhebung des Weiterbildungsverhaltens bzw. des Bedarfs.

Die zwei größten Erhebungen von Katharina Giesel, Gerhard de Haan und Horst Rode (2002) und Gerd Michelsen, Horst Rode, Maya Wendler und Alexander Bittner (2013) geben dennoch eine gute Übersicht zum Personalbestand und zur Tätigkeit des pädagogischen Personals im Feld der BNE und dessen Weiterbildungssituation.

Im Folgenden soll die Darstellung verschiedener Untersuchungen einen Überblick des Forschungsstandes zum Thema der Weiterbildung in außerschulischen Umweltbildungszentren geben. Dabei stehen vor allem die großen Erhebungen von Giesel et al. (2002) und Michelsen et al. (2013) im Fokus der Analyse. Das Hauptaugenmerk wird hier auf die Studie von Michelsen et al. gelegt, da diese einen aktuelleren Stand skizziert.

In Anbetracht des wachsenden Berufsfeldes in der Bildung für nachhaltige Entwicklung sowie deren Stellenwert mit Blick auf eine Qualitätsentwicklung, stellt sich die Frage nach bestehenden Fort- und Weiterbildungsmöglichkeiten der hier Beschäftigten. Nach Michelsen et al. bieten 77 Prozent aller befragten Anbieter ihren Angestellten Weiterbildungs- oder Qualifikationsmaßnahmen im Bereich nachhaltige Entwicklung an (vgl. Michelsen et al. 2013, S. 89). Dabei bildet die Teilnahme an Fachtagungen oder Kongressen die häufigste Methode der Weiterbildung (73 Prozent). Mit rund 69 Prozent wurden Maßnahmen der Fortbildung oder Qualifikation durch andere Bildungseinrichtungen benannt. Einen kleineren Anteil bilden dabei interne Workshops mit 44 Prozent (vgl. ebd.). Die Autoren und Autorinnen stellen dabei heraus, dass jedoch nur 29 Prozent der befragten Mitarbeiter/innen regelmäßig an Weiterbildungsmaßnahmen teilnehmen. In 44 Prozent der Fälle werden die Angebote »teils/teils« wahrgenommen und 29 Prozent geben an, nur selten an Maßnahmen der Weiterbildung teilzunehmen (vgl. Michelsen et al. 2013, S. 90). Eine ähnliche Situation zeigte sich auch Ende der 1990er Jahre bei Giesel, damals gaben 42,1 Prozent an »teils/teils« an Weiterbildungsangeboten teilzunehmen. 36,4 Prozent nahmen diese in der Regel wahr und 19.2 Prozent gar nicht (vgl. Giesel et al. 2001, S. 169).

Die Themenfelder von Weiterbildungsmaßnahmen betreffend, steht der Wunsch nach Weiterbildung im Bereich der Organisationsentwicklung mit 33 Prozent an erster Stelle, gefolgt von der Weiterentwicklung kommunikativer Fähigkeiten (vgl. Michelsen et al. 2013, S. 90).

Diese Präferenz stellte auch die »Umfrage zum Fort- und Weiterbildungsbedarf von Mitarbeiter/innen in Umweltbildungszentren« im Rahmen des Projekts »ANU 2000« fest. Dabei wurde im Jahr 2001 der Weiterbildungsbedarf anhand von 109 ausgewerteten Fragebögen ermittelt und zeigte den größten Weiterbildungsbedarf in den Bereichen Kommunikation und Organisation speziell in den Punkten Sponsoring/Fundraising (vgl. Servicestelle für eine nachhaltige Entwicklung in Umweltbildungszentren 2001, S. 1ff.).

Dem Wunsch nach Ausbau der pädagogischen Kompetenz im Bereich Bildung für nachhaltige Entwicklung gaben bei Michelsen et al. nur bei 17 Prozent der Befragten an, gefolgt von der Vertiefung bestehender Kenntnisse (15 Prozent) und nach der Erweiterung von Kenntnissen in neuen Themenfeldern (13 Prozent) (vgl. Michelsen 2013, S. 90).

Hinsichtlich des Umfangs der wahrgenommenen Weiterbildungen stellt Giesel 2001 heraus, dass diese in der Regel zwei bis drei Tage umfassen und somit einen recht kurzen zeitlichen Umfang aufweisen. Weiterbildungsveranstaltungen von über 10 Tagen besuchten hier nur ca. 8 Prozent – Veranstaltungen von zwei und drei Tagen, aber jeweils rund 22 Prozent (vgl. Giesel 2001, S. 172).

Der vorliegende Forschungsstand skizziert die gegenwärtige Weiterbildungssituation der Mitarbeiter/innen der Umweltbildungszentren in Deutschland. Um die Qualität der Bildungsarbeit zu gewährleisten, scheint die Weiterbildung und Qualifizierung ein probates Mittel zu sein – nicht zuletzt im Hinblick auf das diverse Feld der Umweltbildung und die entsprechend heterogenen Berufsqualifikationen der Beschäftigten, diese Thematik wird im Beitrag von Blings/Wilkening in diesem Band näher beleuchtet.

Innerhalb der diesem Artikel zugrundeliegenden wissenschaftlichen Untersuchung wurden Fragen nach Weiterbildungszeiten sowie deren Finanzierung ergänzt. Außerdem wurden die Akteursgruppen: Leitung, Mitarbeiter/innen und Freiberufliche gesondert untersucht.

6 Empirische Untersuchung

Im Folgenden werden hier die wichtigsten Ergebnisse der wissenschaftlichen Untersuchung der Masterarbeit zum Thema »Personalausstattung und Weiterbildungsbedarf in Einrichtungen der außerschulischen Umweltbildung/Bildung für nachhaltige Entwicklung in Deutschland«, die im Rahmen dieses Forschungsprojektes entstanden ist, näher dargestellt.

Zur Erhebung der Daten und der Verwirklichung der Projektziele wurde eine Triangulation von quantitativen und qualitativen Forschungsmethoden angewandt. Zum einen beinhaltet das Forschungsdesign eine Online-Befragung sowie deren Auswertung, die grundlegend durch das ITB ausgeführt wurde. Zum anderen wurden qualitative Befragungen als Experteninterviews innerhalb der Masterarbeiten realisiert und Begehungen von Umweltbildungseinrichtungen vollzogen. Die Erhebung wurde in der Konzeption und beim Feldzugang von der Arbeitsgemeinschaft Natur- und Umweltbildung e.V. unterstützt. Eine Darstellung des Gesamtvorhabens mit Forschungsansatz findet sich im Einführungsbeitrag von Blings in diesem Band.

Neben einem quantitativen Erhebungsstrang im Gesamtvorhaben bestand ein weiterer in der Untersuchung subjektiver Erfahrungen von Akteuren in der Umweltbildung/BNE. Aus diesem Grund wurde eine qualitative Untersuchung durchgeführt. Das Ziel qualitativer Forschung besteht im Sammeln und Interpretieren von Daten aus der Lebenswelt von Menschen (vgl. Fuhs 2007, S. 19). Diese ermöglicht so eine Offenheit, die neue forschungsrelevante Antworten hervorbringen kann.

Innerhalb dieser Arbeit wurde die Methodik der halbstandardisierten Befragung gewählt. Dabei handelt es sich weniger um ein Interview im typischen Sinne sondern um eine strukturell offen gestaltete Befragung (vgl. Bortz/Döring, 2006, S. 308). Um subjektive Sichtweisen aus dem Praxisfeld der Umweltbildung/BNE zu ermitteln, wurde die qualitative Methode des leitfadengestützten Experteninterviews zur Erhebung der Daten gewählt. »Experten sind Menschen, die besonderes Wissen über soziale Sachverhalte besitzen, und Experteninterviews sind eine Methode, dieses Wissen zu erschließen« (Gläser/Laudel 2010, S. 10). Diese Aussage verdeutlicht die Vorteile dieser Technik zur Erhebung von qualitativen Sachverhalten. Das Experteninterview ermöglicht es, einen schnellen und themenzentrierten Einblick in die komplexen Wissensbestände aus der sozialen Alltagswelt der Befragten zu erhalten. Hierbei wird den Befragten der Status als Experte/innen durch die Forschenden zugesprochen (vgl. Meuser/Nagel 2013, S. 406f.).

Um einen besonders vielseitigen Einblick in die Praxis der Akteure zu erlangen, wurden die Experteninterviews mit zwei Leitungspersonen und einer Angestellten von jeweils zwei Umweltbildungseinrichtungen durchgeführt. Eines der Interviews wurde mit zwei Experten/innen durchgeführt. Innerhalb dieser

Gruppenbefragung war es möglich, in kurzer Zeit die Blickwinkel zweier Umweltbildner/innen einzufangen.

Die Auswahl der Interviewpartner/innen erfolgte mit der Intention, Leitungspersonen bzw. Mitarbeiter/innen mit möglichst unterschiedlichen beruflichen Ausbildungen auszuwählen, um einen vielseitigen Einblick in die Thematik zu erlangen. Zudem wurden die beiden Interviews in Einrichtungen geführt, die in unterschiedlichen Bundesländern ansässig sind.

Die gewonnen Daten aus den Interviews wurden nachfolgend durch die Transkription aufbereitet und durch eine qualitative Inhaltsanalyse nach Philipp Mayring ausgewertet. Dabei wurde inhaltlich strukturierend vorgegangen, um Themen zu extrahieren und zusammenfassen zu können (vgl. Mayring 2010, S. 92ff.).

7 Ergebnisse aus der quantitativen Erhebung

7.1 Teilnahme an Weiterbildungsmaßnahmen

In Bezug auf die erworbenen Weiterbildungsqualifikationen und Zertifikate der Befragten ergab diese Erhebung, dass Qualifikationen und Zertifikate im Bereich Bildung für Nachhaltige Entwicklung mit insgesamt 26,7 Prozent die größte Einheit bilden. Weiterbildungen im Feld der Naturpädagogik mit 23,1 Prozent und Waldpädagogik (14,9 Prozent) schließen sich an. 45,9 Prozent gaben zudem an weitere Qualifikationen oder Zertifikate zu besitzen. Im offenen Antwortteil wurden hier zumeist Weiterbildungen spezieller Fachinhalte angegeben, aber auch der Bereich Wildnis- und Erlebnispädagogik wurde häufiger genannt. 17,9 Prozent gaben an, keine Weiterbildungsqualifikationen oder Zertifikate zu besitzen (siehe Tabelle 1).

Erworbene Qualifikation und Zertifikate in Prozent (n = 329)	
BNE-Zertifikat	26,7
Naturpädagogik	23,1
Waldpädagogik	14,9
Natur- und Landschaftsführer/in	7,6
Bauernhofpädagogik	4,0
Kräuterpädagogik	4,6
Keine Qualifikationen	17,9
Andere	45,9
Keine Angaben	8,8

Tabelle 1: Verteilung der Qualifikation und Zertifikate, die durch Weiterbildungen erworben wurden

7.2 Zeitlicher Rahmen der Weiterbildungsmaßnahmen

Insgesamt zeigt sich, dass ein Großteil der Befragten Personen mit 47,8 Prozent in den letzten drei Jahren mehrere kürzere Weiterbildungsmaßnahmen mit einem zeitlichen Umfang von 8 bis 40 Stunden besucht hat.

Eine kurze Weiterbildung von 8 bis 40 Stunden haben 31,4 Prozent besucht. Mittellange Weiterbildungen von 41 bis 200 Stunden gaben 14,3 Prozent an, besucht zu haben. 11,8 Prozent der Befragten absolvierten Weiterbildungsmaßnahmen von über 200 Stunden. 10,2 Prozent haben keine externen Weiterbildungsangebote wahrgenommen (siehe Abbildung 1).

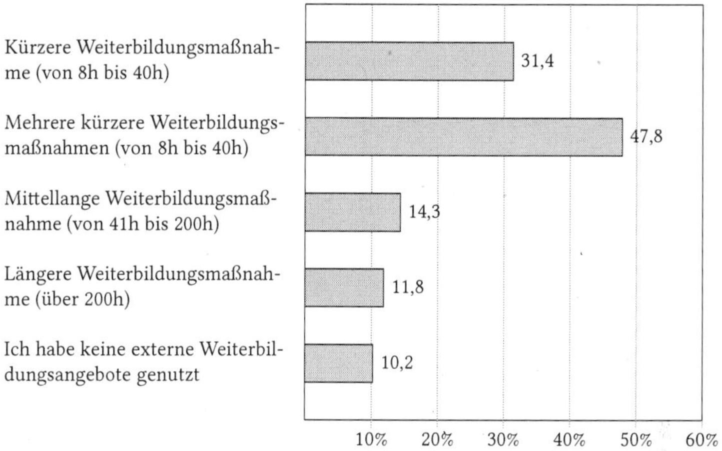

Abbildung 1: Zeitlicher Rahmen externer Weiterbildungen in den letzten drei Jahren (n = 322)

7.3 Einschätzungen des eigenen Weiterbildungsbedarfs

Angesichts der eigenen Einschätzung persönlicher Qualifikationen sowie den Anforderungen des Arbeitsbereiches sahen 40,9 Prozent eine Übereinstimmung der eigenen Qualifikationen mit den Arbeitsaufgaben. 33,8 Prozent stimmten teilweise zu. Nur 2,1 Prozent der Befragten sahen eher ein Ungleichgewicht in dieser Frage.

Der eigene Weiterbildungsbedarf wurde indes von allen Akteursgruppen gleichermaßen eher als gering bis mittel eingeschätzt. Insgesamt sahen 1,4 Prozent aller Befragten einen sehr hohen Weiterbildungsbedarf und 8,4 Prozent einen hohen Bedarf. Mit 46,3 Prozent wurde der Bedarf am häufigsten als mittel eingeschätzt. 37,8 Prozent schätzen ihren Weiterbildungsbedarf als gering ein und 4,4 Prozent haben insgesamt gar keinen Bedarf an Weiterbildungsmaßnahmen (siehe Abbildung 2).

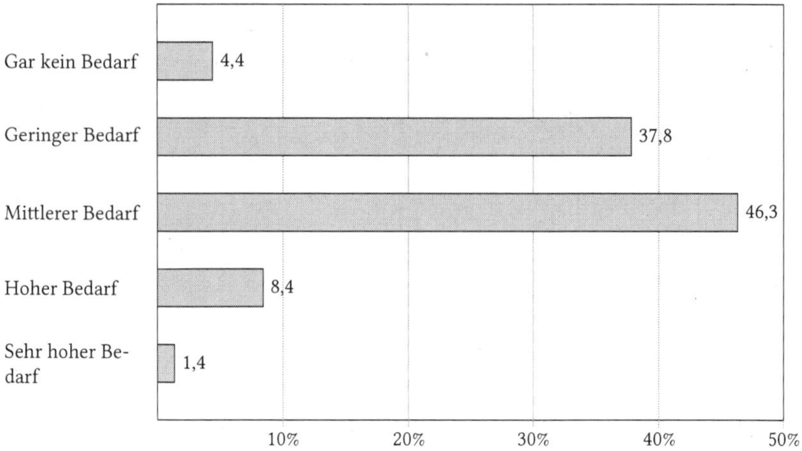

Abbildung 2: Einschätzung es eigenen Weiterbildungsbedarfs (n= 296)

Der Weiterbildungsbedarf der Mitarbeiter/innen aus Sicht der Leitungspersonen wurde dagegen mit 59,4 Prozent als mittel eingeschätzt. 17,5 Prozent der Befragten gaben einen hohen Bedarf an (n = 143, ohne Abbildung).

Hinsichtlich des Weiterbildungsbedarfs zu spezifischen Themen sahen insgesamt 40,5 Prozent der Teilnehmer einen hohen Bedarf im Bereich des Konfliktmanagements. Hoch ist auch der Bedarf an pädagogischen Weiterbildungen wie der Didaktik und Methodik der Umweltbildung/BNE mit 38,3 Prozent.

Der Themenbereich »Spezielle Fachinhalte wie Botanik, Solarenergie oder Heilpflanzenkunde« wurde von 37,2 Prozent der Befragten gewählt. 35 Prozent sahen einen Weiterbildungsbedarf im Feld des Finanz- und Projektmanagements. Eine Nachfrage für Weiterbildungen zu Internet, Online-Anwendungen, Multimedia und sozialen Netzwerken sahen insgesamt 31 Prozent der Befragten. (Mehrfachantworten waren möglich). Inhalte der Kommunikation, Rhetorik und Moderation benannten 25,9 Prozent. Spezielle Handlungsfelder nachhaltiger Entwicklung wie Wasser, Boden, Klima und Ernährung nannten mit rund 23,7 Prozent, 24,5 Prozent im Bereich Methoden der Partizipation wie z.B. Zukunftswerkstätten. Weiterbildungsbedarf in den Feldern Naturerleben sahen 19 Prozent, Öffentlichkeitsarbeit u.ä. (18,2 Prozent), Zertifizierung in der Umweltbildung (17,9 Prozent), konkrete Umsetzungsbeispiele/Best Practice Beispiele (17,2 Prozent), Nachhaltige Entwicklung/Agenda 21 und Umwelt- und Naturschutz jeweils 16,4 Prozent (siehe Abbildung 3).

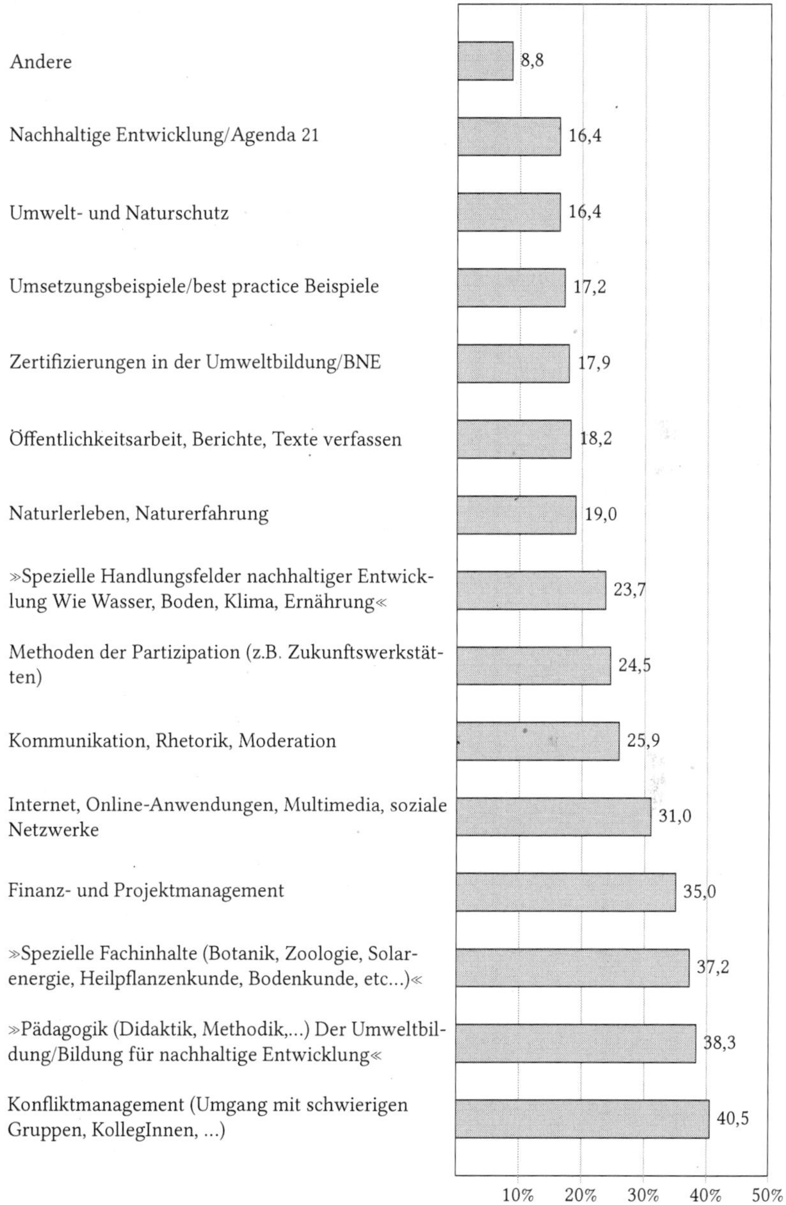

Abbildung 3: Konkreter Weiterbildungsbedarf nach Themen (n = 274)

Ähnlich schätzen auch die Leitungspersonen den Weiterbildungsbedarf ihrer Mitarbeiter/innen ein. So sahen diese den größten Bedarf in der pädagogischen Weiterbildung (75,4 Prozent). Darauf folgen Bedarfe zu speziellen Fachinhalten mit 50,7 Prozent und Kommunikation, Rhetorik, Moderation mit ca. 48,6 Prozent. Der Bedarf im Bereich Konfliktmanagement wurde mit 27,5 Prozent hier eher durchschnittlich eingeschätzt.

Bei den unterschiedlichen Statusgruppen zeigten die Leitungspersonen den größten Weiterbildungsbedarf im Feld Konfliktmanagement (43,3 Prozent der Befragten), im Bereich Internet, Online-Anwendungen, Multimedia (41,8 Prozent), Pädagogik in der Umweltbildung/BNE (32,8 Prozent) sowie im Finanz- und Projektmanagement mit 38,8 Prozent.

Angestellte wünschen sich fast zur Hälfte Pädagogik in der Umweltbildung; BNE sowie spezielle Fachinhalte (jeweils 47,5 Prozent) und zu 32,5 Prozent Weiterbildungen im Bereich Konfliktmanagement und im Feld und Finanz- und Projektmanagement mit 30 Prozent.

Die Statusgruppe der Freiberuflichen hat den größten Weiterbildungsbedarf im Feld spezielle Fachinhalte (47,9 Prozent), Pädagogik in der Umweltbildung; BNE (43,6 Prozent), Konfliktmanagement (39,4 Prozent), und Finanz- und Projektmanagement mit 29,8 Prozent.

7.4 Nutzung von Informationsquellen

Bei der Frage – mit Mehrfachantwortmöglichkeit – nach Informationsquellen, die vorwiegend zur Suche nach Weiterbildungsangeboten genutzt werden, wurde das Internet mit 87,9 Prozent am häufigsten genannt. Rund 59,3 Prozent der befragten Personen gaben an, sich durch ihre Kolleg/innen zu informieren. Printmedien wie Bücher und Broschüren stellen für 50,7 Prozent eine Möglichkeit zur Angebotssuche dar, ähnlich wie Flyer (51,7 Prozent). Mit 40,3 Prozent werden Informationen durch Freunde und Bekannte eingeholt. Datenbanken werden nur von 23,1 Prozent der Befragten genutzt (siehe Abbildung 4).

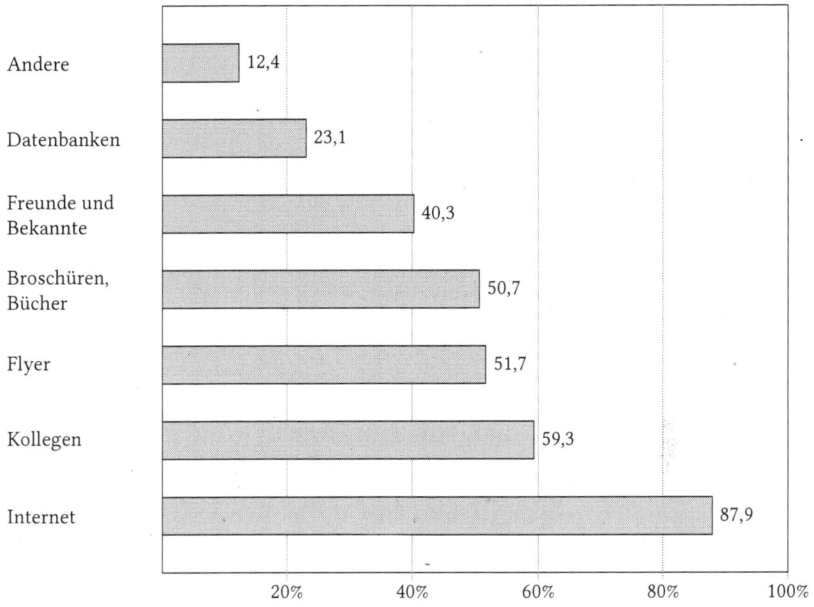

Abbildung 4: Genutzte Informationsquellen – Weiterbildungsangebote (n = 290)

8 Ergebnisse aus der qualitativen Erhebung

Die Darstellung der Ergebnisse aus den Interviews geschieht anhand der vorgenommenen Kategorienbildung zum Thema Weiterbildung und stellt eine kurze Zusammenfassung dar.

8.1 Formen der Weiterbildungen

Insgesamt lässt sich herausstellen, dass Weiterbildungen verschiedenster Formen besucht werden. Auffällig ist, dass in beiden Interviews immer wieder informelle Weiterbildungsprozesse aufgezeigt werden. Neben dem Austausch in Netzwerken nutzen die Interviewpartner/innen die Erfahrung und das Wissen von Kolleg/innen mit unterschiedlichen Berufsbildern. Außerdem wird die Auseinandersetzung mit Fachliteratur zu bestimmten Themen genannt. Grundsätzlich scheinen Formen der informellen Weiterbildung verbreitet zu sein.

8.2 Thematische Schwerpunkte der Weiterbildungen

Grundsätzlich zeichnet sich eine große Bandbreite an thematischen Schwerpunkten der Weiterbildungen ab. Vor allem Weiterbildungen im Bereich Pädagogik wurden in den Interviews benannt. Ob die fehlende pädagogische Ausbildung der Akteure zur Wahl dieser thematischen Schwerpunkte der Weiterbildungen führen, lässt sich jedoch nicht belegen.

Ebenso gaben alle interviewten Personen an, Weiterbildungen im Bereich Bienenzucht und Imkerei belegt zu haben.

Auch Zertifikatsweiterbildungen wurden von allen Befragten besucht – überwiegend mit den Themenschwerpunkten Erlebnispädagogik, Kreativpädagogik und Naturpädagogik.

8.3 Zeitpunkte der Weiterbildungen

In beiden Fällen stellt der Arbeitgeber eine bestimmte Zahl an Tagen im Jahr zur Nutzung von Weiterbildungsangeboten zur Verfügung. Leitungsperson 1 wird vom Arbeitgeber verpflichtet 20 Stunden im Jahr für Weiterbildungsmaßnahmen aufzuwenden. In beiden Fällen dürfen Weiterbildungen während der Arbeitszeit besucht werden. Insgesamt zeigt sich jedoch, dass gerade die Mitarbeiter/innen in Einrichtung 2 auch Weiterbildungsangebote während ihrer Freizeit aus privatem Interesse besuchen. Im Hinblick darauf lässt sich insgesamt eine hohe Weiterbildungsbereitschaft erkennen.

8.4 Finanzierungen der Weiterbildungen

Die Finanzierung der Weiterbildungen wird in beiden Fällen von den Arbeitgebern übernommen. Die privat besuchten Weiterbildungen, werden jedoch von den Mitarbeiter/innen selbst finanziert.

8.5 Zeitliche Umfänge der Weiterbildungen

Der zeitliche Umfang der Weiterbildungen reicht in beiden Fällen von kurzzeitigen Weiterbildungen, etwa Vorträgen, bis hin zu Weiterbildungsmaßnahmen von mehreren Wochen oder Monaten.

8.6 Weiterbildungsbedarf

Allgemein lässt sich herausstellen, dass in beiden Fällen der Weiterbildungsbedarf im Bereich Pädagogik als hoch einzuschätzen ist. Leitungsperson 1 sieht den Bedarf vor allem bei Akteuren aus naturwissenschaftlichen Berufen. Dabei bezieht sich der Weiterbildungsbedarf auf den Umgang mit der Klientel der Einrichtung. Hier sind pädagogische Thematiken wie Inklusion, Sprachförderung und Sozialpädagogik zu nennen. Auch die interviewte Honorarkraft sieht einen persönlichen Bedarf im pädagogischen Bereich, sowie im Bereich der Kooperationsmöglichkeiten mit Schulen und Behörden.

8.7 Aufgabenfelder und Herausforderungen

Um eine ganzheitliche Sicht auf das Weiterbildungsverhalten und den Weiterbildungsbedarf zu gewinnen, wurde innerhalb der qualitativen Untersuchung auch nach Aufgabenfeldern und Herausforderungen in ihrer Arbeit gefragt. So lässt sich durch die interviewten Leitungspersonen herausstellen, dass diese verschiedenste Aufgabenfelder abdecken. Neben der praktischen Bildungsarbeit werden administrative Aufgaben, Planungsaufgaben und kommunikative Aufgaben benannt, die teilweise saisonal bedingen sind.

Herausforderungen sehen die interviewten Personen vor allem im Umgang mit natur- und umweltferner Klientel. Die Leitungsperson der Einrichtung 1, mit einer naturwissenschaftlichen Ausbildung, sieht ebenfalls eine Herausforderung im Umgang mit »schwierigen Schülern« und dem Umgang mit Sprachbarrieren. Diese werden von ihr jedoch als positive Herausforderungen betrachtet. Im Zusammenhang mit diesen Herausforderungen kann das Weiterbildungsverhalten der befragten Person (Einrichtung 1) gesehen werden. Sie gibt an, neben umwelt- und naturthematischen Weiterbildungen, bevorzugt Weiterbildungsmaßnahmen im pädagogischen Bereich zu besuchen.

9 Zusammenfassung und Diskussion der Ergebnisse

Mit Hilfe der Ergebnisse aus dem quantitativen und qualitativen Forschungsteil der Arbeit soll folgend die Forschungsfrage nach dem Weiterbildungsbedarf in der Umweltbildung/BNE beantwortet werden. Anschließend werden die Ergebnisse mit der bestehenden Literatur reflektiert.

9.1 Wie wird der Weiterbildungsbedarf in der außerschulischen Umweltbildung/BNE aktuell eingeschätzt und welche Trends sind zu erwarten?

Innerhalb der Onlinebefragung wurde nach Qualifikationen und Zertifikaten, die durch Weiterbildung erreicht wurden, gefragt. Insgesamt lässt sich eine recht hohe Weiterbildungsbeteiligung feststellen. In Bezug auf Zertifikatsweiterbildungen gaben mehr als ein Viertel der Befragten an, eine Zertifizierung im Bereich Bildung für nachhaltige Entwicklung zu besitzen. Daran schließen sich Weiterbildungen im Feld der Naturpädagogik mit 23,1 Prozent und Waldpädagogik mit 14,9 Prozent an. Fast die Hälfte der Befragten verfügen über zusätzliche weitere Qualifikationen und Zertifikate wie z.B. spezieller Fachinhalte und Weiterbildungen im Bereich Wildnis- und Erlebnispädagogik. 17,9 Prozent gaben an, keine zusätzlichen Qualifikationen oder Zertifikate durch Weiterbildungen erworben zu haben.

In Hinblick auf den zeitlichen Umfang der besuchten Weiterbildungen lässt sich ebenfalls eine hohe Weiterbildungsbereitschaft erkennen. 47,8 Prozent der Befragten des Onlinefragebogens führten an, in den letzten drei Jahren mehrere kürzere Weiterbildungsmaßnahmen mit einem zeitlichen Umfang von 8 bis 40 Stunden besucht zu haben. Eine kurze Weiterbildung von 8 bis 40 Stunden haben 31,4 Prozent besucht. Nur rund 10,2 Prozent aller Befragten haben dem Onlinefragebogen zufolge keinen externen Weiterbildungen besucht.

Die Auswertung der Interviews zeigt, dass hier alle Befragten regelmäßig an Weiterbildungsveranstaltungen teilnehmen. In Einrichtung 2 handelt es sich vorwiegend um mittellange bis lange Weiterbildungen, insbesondere zum Thema Bienenzucht und Imkerei, die vorwiegend während der Freizeit besucht werden. Hier lässt sich ebenfalls eine hohe Bereitschaft zum Besuch von Weiterbildungen erkennen. In beiden Fällen sieht der Arbeitgeber der interviewten Personen ein Zeitkontingent für den Besuch von Weiterbildungen vor. Ferner zeigen die Interviews auf, dass informelle Weiterbildungsprozesse im Arbeitsalltag der befragten Personen eine Rolle spielen. In beiden Einrichtungen nutzen die Mitarbeiter/innen das Wissen von Kollegen/innen, um sich weiterzubilden. Außerdem nutzt Leitungsperson 2 Fachliteratur, vor allem aus natur- und umweltkundlichen Bereichen, zur Weiterbildung.

Angesichts der eigenen Einschätzung persönlicher Qualifikationen und den Anforderungen des Arbeitsbereichs stimmten rund 75 Prozent der Befragten einer Übereinstimmung voll oder teilweise zu. Dieses Ergebnis zeigt, dass die Akteure in der Umweltbildung/BNE selbstsicher in ihrer Arbeit handeln. Der eigene Weiterbildungsbedarf wird, laut der Onlinebefragung, gleichermaßen als gering bis mittel eingeschätzt. Diese Einschätzung des Bedarfes an Weiterbildungen steht jedoch konträr zu der Einschätzung des Bedarfes der Mitarbeiter/innen aus Sicht der Leitungspersonen. 59,4 Prozent sehen einen mittleren und 17,5 Prozent einen hohen Weiterbildungsbedarf bei ihren Mitarbeitern/innen.

Mit Blick auf den Weiterbildungsbedarf zu spezifischen Themen lässt sich bezüglich des Onlinefragebogens herausstellen, dass der höchste Weiterbildungsbedarf in den Bereichen

1. Konfliktmanagement,
2. Pädagogik (Didaktik, Methodik,...) der Umweltbildung/BNE
3. in speziellen Fachinhalten (Botanik, Zoologie, Solarenergie, Heilpflanzenkunde, Bodenkunde, etc...)
4. Internet, Online-Anwendungen, Multimedia, soziale Netzwerke und
5. Finanz- und Projektmanagement

gesehen wird. Weiter wichtig sind Inhalte der Kommunikation, Rhetorik und Moderation.

Ähnlich schätzen auch die Leitungspersonen den Weiterbildungsbedarf ihrer Mitarbeiter/innen ein. So sehen auch diese den größten Bedarf in der pädagogischen Weiterbildung. Darauf folgen Bedarfe zu speziellen Fachinhalten und Kommunikation, Rhetorik, Moderation und Konfliktmanagement (27,5 Prozent). Die hohe Nachfrage an Weiterbildungen im Bereich Pädagogik lässt sich auch in der Auswertung der Interviews herausstellen. Innerhalb der Kategorie Weiterbildungsbedarf wurde neben der Kooperation mit Schulen und Behörden ausschließlich der Bedarf an pädagogischen Weiterbildungen bekundet. Als auffällig einzuschätzen ist hier, dass die interviewten Personen mit naturwissenschaftlich-technischem Hintergrund in diesem Feld einen Bedarf sehen. Aus der qualitativen Erhebung können konkrete pädagogische Weiterbildungsbedarfe in den Bereichen Inklusion, Integration, Sozialpädagogik sowie Sprachförderung festgestellt werden. Der hohe Qualifizierungsgrad, meist im naturwissenschaftlichen Bereich und die mangelnde Professionalisierung in pädagogischer Hinsicht wird auch bei Giesel beschrieben (vgl. Kusel 2010, S. 31). Um eine Professionalisierung in diesem Bereich anzustreben, plädieren Alexander Bittner et al. für angemessene Weiterbildungsmaßnahmen (vgl. Bittner/Laux 2009, S. 351f.). Diese Bereitschaft zur pädagogischen Weiterbildung der naturwissenschaftlich-technisch ausgebildeten Mitarbeiter/innen, lässt sich auch hier mit Hilfe der geführten Interviews feststellen. So geben sowohl Leitungsperson 1, promovierte Biologin sowie die interviewte Honorarkraft, Studentin des Ökoagrarmanagements an, vornehmlich Weiterbildungen im Feld der Pädagogik zu besuchen oder dieses geplant zu haben. Die Abfrage des zeitlichen Umfangs der in den letzten drei Jahren besuchten Weiterbildungen in dieser Erhebung kann auch für die Analyse des Weiterbildungsverhaltens herangezogen werden. So führen rund 48 Prozent der hier Befragten an, wie oben beschrieben, in den letzten drei Jahren mehrere Weiterbildungen im zeitlichen Umfang von 8 bis 40 Stunden besucht zu haben. Nur 10 Prozent haben, dem Onlinefragebogen zufolge, keine externen Weiterbildungen besucht. Michelsen hingegen stellt fest, dass nur etwa 29 Prozent der Mitarbeiter/innen regelmäßig an Weiterbildungen teilnehmen (vgl. Michelsen et al. 2013, S. 90). Giesel stellt in seiner Arbeit heraus, dass die besuchten Weiterbildungsveranstaltungen in der Regel einen kurzen zeitlichen Umfang besitzen. So besuchten nach Giesel 8 Prozent der Befragten Weiterbildungsmaßnahmen mit einem Umfang von über 10 Tagen (vgl. Giesel et al. 2001, S. 172). In dieser der Arbeit zugrundeliegenden Onlinebefragung gaben 14,3 Prozent an mittellange Weiterbildungen von 41 bis 200 Stunden besucht zu haben. 11,8 Prozent absolvierten längere Weiterbildungsmaßnahmen von über 200 Stunden. Auch aus den Interviews wird ersichtlich, dass die befragten Personen aus Einrichtung 2 vermehrt mittellange oder längere Weiterbildungsmaßnahmen besuchen. Hinsichtlich des Weiterbildungsbedarfs stellt Michelsen eine klare Präferenz für das Feld der Organisationsentwicklung mit 33 Prozent heraus. Darauf folgt der Bereich Weiterentwicklung kommunikativer Fähigkeiten mit 21 Prozent. Einen Weiterbildungsbedarf im pädagogischen Bereich der BNE signalisierten nur 17 Prozent der befragten Anbieter (vgl. Michelsen et al. 2013, S. 90f.), wobei Michelsen fünf Antwortkategorien aufführt. Im Gegensatz zu Michelsen umfasst der Onlinefragebogen dieser Arbeit 14 Antwortkategorien. Er zeigt den höchsten Bedarf im Feld Konfliktmanagement mit 40,5 Prozent. Darauf folgt mit 38,3 Prozent der Weiterbildungsbedarf im pädagogischen Bereich. Anders als bei Michelsen scheint der Bedarf an pädagogischer Weiterbildung bei den Mitarbeiter/innen der Umweltbildung/BNE hier hoch zu sein. Auch die Leitungspersonen sehen den größten Weiterbildungsbedarf ihrer Angestellten im thematischen Feld der Pädagogik.

10 Ausblick

Abschließend sollen nun mögliche Handlungsempfehlungen ausgesprochen und ein Fazit gezogen werden. Grundlage für diese sind die Ergebnisse der qualitativen und quantitativen Erhebungen der Arbeit, die innerhalb eines Projekttreffens diskutiert und erarbeitet wurden.

Zunächst wäre es sinnvoll, Empfehlungen zur Unterstützung bei der Auswahl vorhandener Weiterbildungen und Zertifikate zu erstellen. Gemeint sind hier Ordnungskategorien zur Erhöhung der Transparenz bei der Wahl geeigneter Weiterbildungsmaßnahmen, etwa Inhaltskategorien, Dauer, Preis, Bekanntheit/Abschlusszahlen, Abschluss/Zertifizierung, Organisation, Didaktik, Vergleichbarkeit, Anerkennung, regionale Verbreitung oder die Zertifizierung der Maßnahme bzw. des Anbieters.

Des Weiteren wäre es denkbar, zielgruppenspezifische Weiterbildungen für Leitungspersonen, Angestellte und Freiberufler/innen zu entwickeln. Vor allem in den von allen Akteursgruppen benannten Bereichen wie dem des Konfliktmanagements, des Finanz- und Projektmanagements oder der Pädagogik in der Umweltbildung, können sich die speziellen Bedarfe unterscheiden.

Mit Blick auf die Professionalisierungsdebatte innerhalb der Umweltbildung/BNE sollten die Potentiale der Qualifikationen des Personals identifiziert werden – auch mit Blick auf deren Weiterbildungen und Zertifizierungen. Möglich wären die Erstellung typischer Stellenprofile in der Umweltbildung/BNE sowie eine Klärung verschiedener Niveaustufen und Aufgabenbereichen, die mit vorhandenen Berufsprofilen anderer Sektoren verglichen werden können. Insgesamt scheint eine Hinwendung zur Entwicklung grundständiger Studiengänge im Bereich Umweltbildung/BNE, hinsichtlich einer Professionalisierung, notwendig. Darüber hinaus wäre es für Folgearbeiten möglicherweise lohnenswert, den deutschen und angloamerikanischen Non-Profit- Sektor in den Blick zu nehmen. Die Beschäftigungssituation und die beschriebene Heterogenität der Umweltbildung/BNE finden sich in vielen Bereichen des Non-Profit-Sektors. Im Allgemeinen ist das Feld der Umweltbildung/BNE durch eine große Heterogenität in Bezug auf das Personal, die Ausrichtungen der Umweltbildungszentren, die pädagogische Arbeit und dessen Methoden geprägt. Diese Verschiedenartigkeit des Feldes konnte innerhalb der quantitativen und qualitativen Erhebung dargestellt werden.

Ein Großteil der Befragten besitzt einen naturwissenschaftlich-technischen Hintergrund, zumeist handelt es sich um Akademiker/innen, die in der Umweltbildung tätig sind. Es lässt sich herausstellen, dass diese meist regelmäßig an Weiterbildungsmaßnahmen teilnehmen. Mit Blick auf den Weiterbildungsbedarf sind vor allem Weiterbildungen im Bereich Pädagogik, Konfliktmanagement, Vertiefung spezieller Fachinhalte sowie im Finanz- und Projektmanagement gefragt. Auch sollten Weiterbildungen geschaffen werden, die sich mit Regeln und Gesetzen zu Sicherheitsfragen im Umgang mit Besuchergruppen aller Altersgruppen befassen und die Möglichkeit bieten praktische Dilemmata in diesen Bereichen zu erörtern. Etwa Versicherungsrechtliche Probleme, Unfälle o.ä.. Insgesamt können Weiterbildungen zu einer stetigen Fortentwicklung der Mitarbeiter/innen in der Umweltbildung/BNE beitragen und so die Qualität der Bildung sichern.

Im Hinblick auf eine Professionalisierung der außerschulischen Umweltbildung/BNE sollte die Entwicklung und Etablierung eines geeigneten Studiengangs, mit einer ausgeglichenen Zusammensetzung aus pädagogischen und speziellen Fachinhalten der Umweltbildung/BNE, in jedem Fall diskutiert und fokussiert werden.

11 Literatur

Apel, Heino (2006): Qualitätssicherung im Kontext einer Bildung für nachhaltige Entwicklung (BNE). In: Rieß, Werner; Apel, Heino. Bildung für nachhaltige Entwicklung – Aktuelle Forschungsfelder und -ansätze. VS Verlag, Wiesbaden. S. 129 - 138.

Bittner, Alexander; Laux, Lukas (2009): Zusammenfassung der Arbeitsgruppe IV Bildungszentren im Wandel. In: Brickwedde /Bittner (Hrsg.) (2009): Kindheit und Jugend im Wandel! Umweltbildung im Wandel? 14. Internationale Sommerakademie St. Marienthal. Erich Schmidt Verlag, Berlin, S. 350 - 356.

Blucha, Jürgen (2009): Zertifizierung – ein Allheilmittel? Wie viele Modelle braucht der Markt? In: Kindheit und Jugend im Wandel! Umweltbildung im Wandel? 14. Internationale Sommerakademie St. Marienthal. Erich Schmidt Verlag, Berlin. S. 318 - 326.

Bortz, Jürgen; Döring, Nicola (2006): Forschungsmethoden und Evaluation für Human- und Sozialwissenschaftler. 4. Aufl. Springer Verlag, Heidelberg.

Fuhs, Burkhard (2007): Qualitative Methoden in der Erziehungswissenschaft. Wissenschaftliche Buchgesellschaft, Darmstadt.

Gieseke, Wiltrud (2011): Professionalisierung in der Erwachsenenbildung/Weiterbildung. In: Tippelt, Rudolf; von Hippel, Aiga (Hsg.) (2011): Handbuch der Erwachsenenbildung/Weiterbildung. 5. Aufl., VS Verlag für Sozialwissenschaften, Springer Fachmedien, Wiesbaden, S. 367 - 384.

Giesel, Katharina D.; de Haan; Gerhard; Rode Horst (2002): Umweltbildung in Deutschland – Stand und Trends im außerschulischen Bereich. Heidelberg: Springer Verlag. Giesel, D. Katharina; de Haan, Gerhard; Rode, Horst; Schröter, Sebastian; Witte, Ulrich (2001): Außerschulische Umweltbildung in Zahlen – Die Evaluationsstudie der Deutschen Bundesstiftung Umwelt. Erich Schmidt Verlag, Berlin.

Gläser; Laudel (2010): Experteninterviews und qualitativ Inhaltsanalyse. 4. Aufl., VS Verlag für Sozialwissenschaften. Springer Fachmedien Wiesbaden GmbH, Wiesbaden.

Hartz, Stefanie; Meisel, Klaus (2011): Qualitätsmanagement. Studientext für Erwachsenenbildung. Bertelsmann Verlag, Bielefeld.

Kusel, Janina (2010): Qualitätsentwicklung in der außerschulischen Bildung für eine nachhaltige Entwicklung – Eine exemplarische Untersuchung des schleswig-holsteinischen Zertifizierungsverfahrens zum »Bildungspartner/-zentrum für Nachhaltigkeit«. Diplomarbeit, Leuphana Universität Lüneburg.

Langer, Antja; Prengel, Annedore (Hrsg.): Handbuch Qualitative Forschungsmethoden in der Erziehungswissenschaft. 4. Aufl. Beltz Juventa, Weinheim und Basel.

Liebald (2002): Organisationsentwicklung und Qualitätsmanagement: Wie sich Bildungseinrichtungen dem gesellschaftlichen Wandel stellen [http://www.umweltbildung.de/uploads/tx_anubfne/liebald_text.pdf] (Zugriff: 11.05.2016; 11:50).

Mayring, Phillip (2010): Qualitative Inhaltsanalyse. Grundlagen und Techniken. 11.Aufl. Beltz Verlag, Weinheim und Basel.

Meuser, Michael; Nagel, Ulrike (2013): Experteninterviews-, wissenssoziologische Voraussetzungen und methodische Durchführung. In: Friebertshäuser, Barbara;

Michelsen, Gerd; Rode, Horst; Wendler, Maya; Bittner, Alexander (2013): Außerschulische Bildung für nachhaltige Entwicklung – Eine Bestandsaufnahme am Beginn des 21. Jahrhunderts, oekom verlag, München.

Mieg, Harald A. (2005): Professionalisierung. http://www.mieg.ethz.ch/docs/MiegProfessionalisierung.pdf (Zugriff: 06.05.2016;07:30).

Nuissl, Ekkehard (2003): Leistungsnachweise in der Weiterbildung. In: Report 4, Literatur- und Forschungsreport Weiterbildung 26. Jahrgang Zertifikate. S. 9 - 24: http://www.die-bonn.de/id/525 (Zugriff: 09.12.2016;11:02).

Rhode, Julia (2009): Von der Teilnehmerorientierung zur Teilnehmerintegration Beteiligungsmöglichkeiten von Kunden in Wirtschaft und Weiterbildung. Diplomarbeit, Leibnitz Universität Hannover. http://www.artset-lqw.de/cms/fileadmin/user_upload/Literatur/Diplomarbeit_Rohde_-_Teilnehmerintegration_LQW.pdf (02.05.2016;13:31).

Servicestelle für eine nachhaltige Entwicklung in Umweltbildungszentren (2001): Umfrage zum Fort- und Weiterbildungsbedarf von Mitarbeiter/innen in Umweltbildungszentren. http://www.umweltbildung.de/uploads/tx_anubfne/weiterbildungsumfrage_01.pdf (Zugriff: 23.02.2015; 11:56).

Stoltenberg, Ute (2005): Bildung für Nachhaltige Entwicklung - aktuelle Herausforderungen für die außerschulische Arbeit. In: ANU (Hrsg.): Umweltbildung im Wald: Ein Beitrag zu UN-Dekade »Bildung für nachhaltige Entwicklung«. Elben-Weiselstein, S. 10 - 24.

Wolf, Gertrud (2006): Wir sind was wir machen: Zum Problem pädagogischer Professionalität in der Bildung für nachhaltige Entwicklung. In: Rieß, Werner; Apel, Heino (Hrsg.): Bildung für eine nachhaltige Entwicklung – Aktuelle Forschungsfelder und -ansätze. VS Verlag, Wiesbaden. S. 139 - 148.